KB205331

흔들리는 신앙

이 책의 한국어판 저작권은 알맹2를 통해서 Brazos Press와 독점계약한 SFC출판부에 있습니다.
저작권법에 따라 한국에서 보호를 받는 저작물이므로 무단전재와 복제를 금합니다.

흔들리는 신앙

초판 1쇄 인쇄 2021년 3월 9일
초판 1쇄 발행 2021년 3월 15일

지은이 리처드 마우
옮긴이 김준재
펴낸이 유동휘
펴낸곳 SFC출판부
등록 제104-95-65000
주소 (06593) 서울특별시 서초구 고무래로 10-5 2층 SFC출판부
Tel (02)596-8493
Fax 0505-300-5437
홈페이지 www.sfcbooks.com
이메일 sfcbooks@sfcbooks.com
기획 · 편집 편집부
디자인편집 최건호
ISBN 979-11-87942-51-1 (03230)
값 13,000원

잘못 만들어진 책은 언제든지 교환해 드립니다.

흔들리는 신앙

다양한 신념들 속에서
복음주의 신앙 지키기

리처드 마우 지음

김준재 옮김

SFC

저자 일러두기

지난 십 년이 넘는 시간 동안 출판해 온 소논문과 다소 긴 에세이들 속에 흩어져 있는 내용들을 이 책 여러 곳에서 다시 다루었는데, 그 부분은 각주에 표시해 두었다. 또한 나는 베일러대학교 트루엣신학대학원에서 개최한 2013-4 파치먼Parchman 강좌에서 발표한 개념들을 다시 활용했다. 이 책 13장과 14장에서는 2015-16 덴버 신학교의 켄트 매튜스Kent Mathews 강좌에서 보다 자세히 다루었던 주제들을 간단히 언급했다.

역자 일러두기

이 책에서 인용한 성경 구절은 개역개정판 성경을 사용하였다.

목차

R e s t l e s s   F a i t h

1장
꼬리표 문제

이 책에 적당한 제목을 고민하던 중에 나는 1993년 이후로 더 이상 프린스로 불리는 것을 바라지 않았던 가수 고故 프린스Prince를 따라하고 싶어졌다. 그는 진심으로 자기가 다른 어떤 이름으로도 알려지기를 원하지 않는다고 말했다. 그의 공연을 준비하던 관계자들은 그의 생각이 탐탁지 않았는데, 여러 이름을—프린스의 팬들의 제안과 함께—검토한 후에 이 가수는 다음과 같은 이름을 받아들였다. **'전에 프린스로 알려졌던 그 예술인.'**

책의 내용을 포괄적으로 담아내는 표현을 찾기 위해 고민하는 동안에 프린스 이야기가 머릿속에 떠올랐다. 나는 교수와 학자로서의 경력을 시작하면서부터 스스로를 미국의 복음주의자와 거의 동일시해 왔다. 복음주의자라는 꼬리표가 달리는 것이 나에게 항상 편안한 것은 아니었지만, 다른 영적, 신학적 배경으로 옮기고 싶을 만큼 불편하지도 않았다. 이 책을 계획하면서 가졌던 내 생각은 '흔들리는 복음주의자restless evangelical'라는 표현을 책 제목에 담아서 불편함 discomfort과 헌신commitment 모두를 강조하고 싶었다.

그런데 내가 이 책을 쓰는 동안 '복음주의자evangelical'라는 꼬리표가 여전히 유용한지를 다루는 치열한 논쟁이 일어났다. 이곳 북미에서 많은 사람들이 '복음주의자'를 상당히 정치색을 띤 그리스도인으로 인식하는 여러 이유를 제외하고 이 논쟁에서 제기된 주장들을 자세히 다루지는 않을 것이다.

나는 그 논쟁이 쓸데없다고 생각하지는 않는다. 나 자신을 복음주의자로 규정하는 것이 지난 수년간 더 뚜렷하게 불편해졌다. 게다가 복음주의 운동에서 내가 잘 알고 존경해 온 몇몇 동료들이 복음주의자라는 꼬리표를 더 이상 달지 않겠다고 공개적으로 발표했다. 나는 그들의 우려를 무겁게 받아들인다. 그리고 이것이 내가 프린스에게 자극받아서 다음과 같은 꼬리표를 생각해 낸 이유다. **'전에 복음주의로 알려졌던 그 운동.'**

독자들이 이 책을 읽고 나면 내가 아직은 그 '전에 유명했던' 운동에 가입할 준비가 안 된 이유를 알게 되리라 확신한다. 나는 여전히 그 꼬리표가 엄청나게 중요한 무엇인가를 상징한다고 생각한다. 그리고 종교적 우파 정치가들을 열정적으로 옹호하는 사람들에게 그 꼬리표를 넘겨줄 준비도 되지 않았다. 이 책에서 나는 여전히 그 꼬리표를 개인적으로 지키려는 몇 가지 이유를 설명할 것이다.

그러나—처음부터 이것을 강조하는 것이 내게는 중요하다—이 책에서 다룰 내용의 정당성을 그 꼬리표가 지속가능한지 여부에 의존하고 싶지는 않다. 세계 기독교 내부에서 특별한 운동으로 받아들여진 '복음주의'라는 과거의 의미가 지금으로부터 십 년 뒤에는 사라진다고 가정해 보자. 나는 그 꼬리표가 한때 상징했던 뚜렷한 의미들이 여전히 널리 받아들여지기를 바란다. 이 책에서 '복음주의자'라는 말을 설명해 낼 수 있는 표현을 계속해서 찾고 있는 이유를 논의하겠지만, 내가 정말로 신경 쓰는 부분은 '전에 유명했던' 그 정체성에 끌리는 동료들이 복음주의의 뚜렷한 영적, 신학적 유산을 계속해서 지켜가는 것이다.

나는 내 친구들 가운데 다른 많은 사람들과 마찬가지로 현재 과도하게 정치화된 복음주의와 연관되고 싶지 않다. 그러나 우리 중 많은 사람들이 사랑했던 과거의 복음주의에는 우리가—여기서 우리 자신을 묘사하기 위해 우리가 어떤 꼬리표를 선택하더라도—결코 버릴 수 없는 것들이 많다.

그 꼬리표를 지키기로 한 내 개인적인 선택을 변호하려는 것은 아니다. 나는 '복음주의자'와 같이 오래된 꼬리표의 쓸모를 논의하는 것이 건강한 일이라 생각한다. 나는 복음주의자로서 지내 온 대부분의 인생 여정에서 복음주의자가 된다는 것의 의미를 다루는 논의—일부는 논쟁으로 이어진 논의—에 참여해 왔다. 그 대화들은 내게 중요한 훈련이었다. 그래서 나는 이 책을 그 꼬리표를 유지하기 위한 긴 변명으로 만들고 싶지 않지만, 우리가 스스로를 묘사하는 그 방식을 버리지 않기를 바라는 나만의 이유를 설명하고 싶다. 그러고 나서 나는 책의 결론 부분에서 몇 가지 이유를 간략하게 덧붙일 것이다.

꼬리표 지키기

미국 복음주의자 연구소The Institute for the Study of American Evangelicals는 1982년 휘튼 칼리지에서 창립했는데, 2014년까지 그 명맥이 이어졌다. 긴 시간 동안 그 연구소는 복음주의자들이 모여 학문적인 대화를 나누는 최상의 장소였다. 역사학자인 마크 놀Mark Noll과 나단 해치Nathan Hatch가 설립자였는데, 그들은 명망가들을 한자리에 모아 흥미로운 주제를 연구하게 만드는 비법을 알고 있었다. 초창기부터 우리는 '복음주의자'라는 꼬리표에 관해 자주 논쟁했다. 어떤 학자는 복음주의자를 만드는 자격에 관하여 제안서를 제출했는데, 또 다른 학자는 그 설명에 꼭 맞는 수많은 로마 가톨릭 신자가 있다고 반박했다. 결국 우리는 그 논의를 처음부터 다시 시작해야만 했다.

1989년, 영국의 복음주의 역사가인 데이빗 베빙턴David Bebbington은 '복음주의자'를 네 가지 항목으로 정의하는 책을 한 권 출판했다. 그리고 그의 설명은 상당히 많은 부분에서 논쟁의 종지부를 찍었다. '베빙턴 사각형the Bebbington quadrilateral'으로 알려진 그의 제안은 복음주의의 특색을 네 가지로 구분해서 다음과 같이 규정했다. 1) 우리는 **회심**conversion—구원자이시며 주님이신 그리스도를 향한 인격적인 헌신—의 필요성을 믿는다. 2) 우리는 **성경의 최종 권위**—종교개혁의 '**오직 성경**'의 원리—를 인정한다. 3) 우리는 **십자가 중심의 신학**—복음의 핵심은 갈보리 십자가에서 행하신 예수님의 속죄 사역임—을 강조한다. 그리고 4) 우리는 **행동하는 신앙**을—주일 예배에 참석하는

것뿐만이 아닌 일상의 제자도를—강조한다.[1]

물론 자신을 복음주의자라고 생각하지 않는 많은 기독교인들 중에서도 위에 제시한 특징들을 개별적으로 주장할 수 있다. 그리고 어떤 이들은 네 가지 항목 모두를 지지할 수도 있다. 베빙턴 사각형의 네 가지 특징을 통해 내가 복음주의자에 대해 갖게 된 뚜렷한 인상은 두 가지다. 첫째로 이 항목들이 주요한 신학적 기초로서 **선택되었다**는 것이고, 둘째로 그것들이 특정한 방식으로 **지켜졌다**는 것이다.

선택되었다는 것은 이런 말이다. 내 주변에는 '복음주의자'라는 꼬리표를 달고 있지 않으면서도 휘튼의 논쟁에서 '복음주의자'를 설명하려고 시도했던 네 가지 요점 모두를 분명하게 지지하는 개신교인 친구들이 있다. 그들은 다음과 같이 반응할 수 있다. "맞아요, 물론이죠. 그런데 왜 달랑 네 가지뿐인가요?" 몇몇 성공회 교인들은 전통의 역할에 관한 언급을 추가하지 않고 성경의 권위를 단언하는 것을 못마땅하게 여길 것이다. 루터교회 친구들은 회심과 십자가를 강조하는 데는 주저하지 않을 것이다. 하지만 '오직 믿음으로 얻는 칭의'가 다른 요소들을 이해하기 위한 기초 중 하나로 추가되지 않는다면, 그들은 마땅히 포함되어야 할 특별한 요소가 빠졌다고 생각할 것이다. 그리고 어떤 이들은 교회론적 특성들과 성찬의 중심적 역할을 강조하기를 바랄 것이다.

---

1. David W. Bebbington, *Evangelicalism in Modern Britain: A History from the 1730s to the 1980s* (London: Unwin Hyman, 1989), 2-17.

나는 복음주의자로서 그런 요소들을 세심하게 살피는 것이 잘못이라고 생각하지 않는다. 그러나 내가 보기에 '베빙턴 사각형'에 담긴 내용은 초교파적transdenominational, 초고백적transconfessional 연합 운동을 만들기 위한 신학적 강조점이다. 나는 침례교 복음주의자가 유아세례 가운데 하나님의 약속이 시행된다는 사실을 보다 확신에 차서 인정하게 되기를 기대한다. 하지만 이런 불일치의 영역은 베빙턴 사각형을 제시하는 데 기본이 되는 것은 아니다.

적절한 예시를 들자면, 나는 상당히 세밀한 교회론에 깊은 애착을 가지고 있으며, 이런 주제들에 관한 내 생각에 동의하지 않는 사람들과 길게 논쟁할 용의가 있다. 나는 또한 우리 복음주의자들이 빈약한 교회론을 무비판적으로 받아들이려 한다는 비판에 스스로를 성공회 복음주의자라 생각하는 앨리스터 맥그래스Alister Mcgrath가 대꾸하며 썼던 표현에 담긴 정서를 무척 좋아한다. 그는 주장하기를, 우리 복음주의자들이 종종 '덜 정교한—그러나 우리는 '과하게 정교한 교회론을 정립한 사람들'의 다스림을 경험해 보았기 때문에 이런 결점을 기꺼이 받아들인다—교회론'을 활용한다고 했다.[2]

그리고 이것은 우리 복음주의자들이 기초로 여기는 것들을 그렇게 **고수하는** 까닭을 가르쳐 준다. 우리 자신의 역사를 이해하지 않고서는 그 사각형의 항목들이 우리에게 큰 영향을 주는 이유를 파악할

---

2. Alister McGrath, "Evangelical Anglicanism: A Contradiction in Terms?," in *Evangelical Anglicans: Their Role and Influence in the Church Today*, ed. R. T. France and A. E. McGrath (London: SPCK, 1993), 14.

수 없다.

내가 가톨릭대학에서 강연한 직후 이어졌던 질의응답 시간에 복음주의자들이 그 원칙들을 지켜온 방식에 대한 의문이 제기되었다. 그 대학에는 꽤 많은 복음주의자 학생들이 있었는데, 그들은 나를 초청해서 로마 가톨릭교인과 복음주의자와의 관계를 설명해 달라고 요청했다. 나는 그 강연에서 베빙턴 사각형을 설명했는데, 청중 가운데 한 학생이 다소 퉁명스럽게 반응했다. "강의에서 선생님께서 언급하신 네 가지 항목에 대해, 가톨릭 신자인 저는 '겨우, 이 정도 가지고!' 라고 생각했습니다. 이 항목들 중에 특별한 것이 있나요? 로마 가톨릭 신자인 저 역시도 그것들을 받아들일 수 있습니다!"

그 후 나를 초청한 로마 가톨릭 사제이자 신학자는 그 부분을 보다 세밀하게 파고들었다. 그는 "나는 당신이 제시한 베빙턴 사각형 모두에 동의합니다"라고 말했다. "나는 그 가운데 세 가지에 대해서는 전혀 거리낌이 없습니다. 우리가 그리스도와 인격적인 관계를 맺어야 할 필요가 있을까요? 물론입니다. 십자가는 속죄를 위한 기초입니까? 분명히 그렇습니다. 행동하는 신앙이요? 왜 우리가 그것을 부인하겠습니까? 게다가 성경의 수위성the supremacy of the Bible 역시 우리에게 중요한 가치입니다. 성경의 계시는 우리에게 최우선입니다. 우리는 단지 **성경을 어떻게 해석할 것인지** 결정하는 데 있어서 무오한 infallible 교회의 권위를 주장할 뿐입니다!"

나는 그가 언급한 몇 가지 구체적인 부분에서 그를 반박할 수 있었다. 하지만 그의 주장은 대체로 정당했다. 복음주의자에게 베빙턴 사각형은 그저 **강조점**이었다. 그리고 그 강조점은 오랜 역사를 통해 덧붙여졌다. 그것은 우리가 과거에 특정한 논란이 일어났던 모래사장 위에 그렸던 선들이었다.

우리는 다수의 '이름뿐인' 기독교 형식에 대응해서—또한 동시에 '천국에 이르는 다양한 길'을 주장하는 상대주의에 반대하여—그리스도와의 인격적인 관계의 필요성을 주장했다. 우리는 성경의 명백한 가르침을 '수정'하거나 그 가르침을 상대화하기 위해 첨가하는 교회의 권위를 인정하는 사람들을 반대해서 성경 권위의 우위를 주장해 왔다. 우리에게 십자가 사역의 강조는 하늘에서 파송된 구원자이신 그리스도 한 분만을 신뢰하도록 죄인들을 부르신다는 사실에 대한 타협할 수 없는 근거로 작용해 왔다. 그리고 우리 특유의 행동주의는, 우리 일상에 나타내신 하나님의 뜻을 증언하기 위해 거룩한 삶의 형식을 갖추는 것이 진정한 신앙이라고 주장하는 우리의 방식이었다.

내게는 여전히 모든 요소가 엄청 중요하게 여겨진다. 그리고 '복음주의자evangelical'라는 표현은—'복음evangel'에서 유래했다—내게 신학적이고 영적인 영역을 포괄하는 완벽하게 다듬어진 짤막한 꼬리표가 되었다.

여전히 작동하고 있는가?

내가 이 글을 쓰고 있는 동안에도 이전에 복음주의자로서의 정체성을 가지고 있던 많은 사람들이 자기 자신을 규정해 온 '복음주의자'라는 용어를 포기해야 할 때가 아닌지 고민하고 있다. 이 꼬리표를 보존하는 것 자체가 나쁜 관행이라고 생각하는 사람들이 가끔 우려를 나타내기도 한다. 그 꼬리표의 지속적인 사용을 변호하는 내 신문 사설이 온라인에 게시되었을 때, 어떤 사람이 나의 주장을 '종파주의 tribalism'로 규정하는 댓글을 달았다. 한편으로는 적절한 평가였다. 나는 복음주의를 하나의 운동이라고 규정하고 싶지만, 우리는 또한 종파 가운데 하나다. 게다가 오랜 세월 차이점을 유지해 온 다른 종파들이 존재한다. 단순히 '기독교인'이 되는 것—단일한 종파로서의 성격이 강한 꼬리표가 달리는 것—에 집착하는 것은 아무런 도움이 되지 않는다. 기독교 안에는 워낙 많은 다양성이 있으므로 기독교의 넓은 범주 속에서 자신의 위치를 나타내기 위해서는 훨씬 독특한 것이 필요하다. 나는 다른 기독교 형식 가운데 나만의 것을 구별시켜 줄 꼬리표가 필요함을 발견한다.

또한 '복음주의자'라는 꼬리표를 포기하는 것과 관련해서 매우 실질적인 문제가 있다. 예를 들어, 복음주의 신학교 총장 협의회 Fellowship of Evangelical Seminary Presidents는 해마다 1월이면 며칠간 수련회 형식으로 모임을 갖는다. 그 모임에는 독자적인 형태를 가진 다양한 그룹이 속해 있다. 보수적인 개혁교회Reformed Church, 성결교회, 오순절교회, 침례교회, 재세례파, 그리고 '그 어디에도 속하지 않는 이들' 모두가 '복음주의자'라는 꼬리표 아래 기꺼이, 그리고 적극적으로 함께하기를 원한다.

복음주의자라는 꼬리표가 최근 우파 정치가들과 연결되기 때문에
그 모임 이름을 '(　　) 신학대학 총장 협의회'로 바꾼다고 가정해 보
자. 그들은 이 빈칸을 어떤 단어로 채울 수 있을까? 만일 '기독교인
Christian'이라는 단어를 선택한다면, 신학교의 총장들 중 어느 누구도
자신의 정체성을 드러내는 데 만족하지 못할 것이 분명하다. '역사적
으로Historically 기독교인'은 어떨까? 그 꼬리표 역시 여전히 설명이
필요하다. 그렇다면 '정통Orthodox'은 어떨까? 대문자를 써야 한다는
사실 때문에 자신들이 정교회Orthodox Church의 **한** 종파로 개종한 것
이 아니라고 설명해야만 할 것이다.

나는 나 자신에게 '복음주의자'라는 꼬리표보다 더 어울리는 것이
없다고 생각한다. 무엇보다 이 꼬리표는 과거에 자기 기독교의 정체
성을 규정하기 위해 이것을 사용했던 이들과 나를 하나로 묶어 준다.
교회학교 선생님들, 청년부 사역자, 가족, 선교사들과 같은 내 마음속
의 수많은 성도saint들과 영웅들 말이다. 빌리 그래함Billy Graham, 칼
헨리Carl Henry, 라이튼 포드Leighton Ford, 엘리자베스 엘리엇Elizabeth
Eliot, 톰 스키너Tom Skinner, 코리 텐 붐Corrie Ten Boom, 버넌 그라운즈
Vernon Grounds, 아서 홈즈Arthur Holmes, 에드워드 카넬Edward Carnell,
데이빗 허버드David Hubbard 등.

베네딕트회 수도사들이 했던 서원 가운데 **정주서원**定住誓願, the vow
of stability이라는 것이 있다. 특정한 수도원 공동체에 머물기로 서약하
는 것이다. 이전 세대의 복음주의자들인 우리 중 많은 사람들은 우리
운동과의 관계에서 정주서원과 같은 약속을 맺어 왔다. 그 서원을 깨

는 결정을 하기 위해서는 숙고해야 할 것이 많다.

새로운 세대

복음주의자로서의 정체성을 보존할 가치가 있는지 여부를 결정하는 데 있어서 고려해야 할 부분 가운데 하나는 우리보다 젊은 세대와 우리 사이의 관계다. 풀러 신학교Fuller Theological Seminary 학생인 에이미Amy의—가명이다—예를 살펴보자. 그녀는 보수적인 교회에 다녔던 복음주의자 부모님의 보살핌을 받고 자랐다. 에이미의 신앙은 고등학생 시절 참여했던 영 라이프Young Life라는 모임을 통해 성장했다. 그녀는 복음주의적 대학교에 다녔는데, 그녀는 그곳에서 기독교 세계관의 감각을 자극하는 사상들을—소외된 이들을 향한 강한 헌신을 포함하여—받아들였다. 에이미는 현재 신학교에서 비교문화 사역cross-cultural ministries을 공부하고 있다. 그녀는 복음이 가진 치유의 능력을 통해 성매매로 인해 깊은 상처를 입은 여성들을 돕고 싶어 한다.

에이미는 그녀의 부모님을 사랑하지만, 최근 자신에게 중요한 문제를 놓고 부모님과 대화하는 것을 어려워하고 있다. 그녀의 부모님은 2016년 미국 대통령 선거에서 도널드 트럼프Donald Trump에게 투표한 81퍼센트의 '백인 복음주의자' 무리에 포함되었다. 그녀의 부모님은 버락 오바마Barack Obama가 무슬림임을 감추고 있다고 의심한다. 그리고 그들은 미국에 사는 많은 남미 사람들이 '그들이 왔던 곳으로 돌려보내지기를' 바란다.

에이미는 예수님을 사랑하며, 성경이 최고의 권위가 있는 하나님의 말씀임을 믿는다. 그녀는 결혼을 전통적인 방식으로 이해하기를 선호한다. 그러나 그녀는 영 라이프 시절부터 잘 알고 지내 온 동성애 성향을 공개한 또래들과 여전히 친구로 지내고 있다.

이제 에이미는 자신이 복음주의자인지 확신할 수 없는 채로 이렇게 말한다. "그 꼬리표는 너무 정치적으로 변했어요." 현재 그녀가 마주한 실질적인 과제는 옮겨 갈 교파를 정하는 것이다.

나는 에이미의 어머니가 우리 학교를 방문했을 때 그녀를 만난 적이 있다. 그녀는 에이미를 무척이나 자랑스럽게 여겼고, 모녀 사이의 애정은 깊어 보였다. 나는 그녀와 에이미가 현재 동의하지 못하는 사안들에 대해서 합의점을 찾게 되기를 바란다. 에이미의 부모님이 그녀가 가진 몇 가지 견해 때문에 혼란을 느낄 수 있지만, 나는 그들이 에이미가 어린 시절의 신앙에서 떠나 버렸다고 생각하지는 않으리라 확신한다.

에이미와 그녀의 부모님 모두는 나의 복음주의 세계의 일부다. 나는 여러 사회적이고 정치적인 분야에 관한 에이미 부모님의 시각이 에이미가 가진 시각으로 바뀌었으면 좋겠다. 나는 에이미가 자신이 성장한 복음주의를 지키기를 바란다. 복음주의 교육가로서 나는 에이미와 그 부모님 모두에게 책임감을 가지고 있다. 그런데도 만일 내가 누군가의 편을 들어야 한다면, 나는 에이미의 편에 서서 그녀가 정주서원을 지키도록 격려하겠다. 나는 복음주의 운동이 그녀를 잃어버리는 것을 바라지 않는다. 우리에게는 그녀가 필요하다.

엘리트층[3]

　뉴욕 타임스 칼럼니스트인 로스 듀댓Ross Douthat은 복음주의자 공동체에 닥칠 '붕괴' 가능성을 예측하는 글을 발표했다.[4] 그는 이미 젊은 세대─에이미와 그녀의 친구들─가운데 미세한 균열이 일어났다고 보고, 그들 가운데 일부는 다음과 같은 교파로 조용히 이동하고 있다고 예측한다. 주류 개신교장로교, 감리교, 루터교, 성공회 등 전통을 중시하는 역사가 긴 교파들─역주, 로마 가톨릭, 그리고 정교회.

　듀댓의 예측에 따르면, 엘리트들─복음주의자 지성인들, 작가들, 그리고 다른 기독교 전통에 속한 그들의 친구들─과 복음주의 교회에서 예배드리는 수백만 명의 보통 사람들 사이에 더욱 심각한 균열이 있다. 그는 이 엘리트들이 "진지한 신학a serious theology이 복음주의의 사회학적 성취에 끼친 영향의 중요성을 과대평가했을 수 있다"라고

---

3. 이 부분은 다음의 글을 허락을 받아 각색했다.
　Richard J. Mouw, "The Unlikely Crackup of Evangelicalism," *Christianity Today*, January 3, 2018, https://www.christianitytoday.com/ct/2018/january-web-only/unlikely-crack-up-of-evangelicalism.html.
4. Ross Douthat, "Is There an Evangelical Crisis?," editorial, *New York Times*, November 25, 2017, https://www.nytimes.com/2017/11/25/opinion/sunday/trump-evangelical-crisis.html.

주장한다. 그것은 최근 우파에 대한 지지를 통해 드러난 복음주의의 관점과 태도가 엘리트들을 사로잡았던 지성적이고 신학적인 문제들과 큰 관련 없이 오랜 기간 공존해 왔다는 것이다. 그렇다면 엘리트들은 결국 '덜 지성적이고 더 분리주의적이면서 보다 인종차별적인'—기실 과거에 존재하던 실제 모습과 '크게 달라지지 않은' 운동인—복음주의를 뒤로하고 자신들의 길로 떠날 것이다.[5]

듀댓은 자신의 예측이 틀리기를 바랐는데, 나도 그가 틀렸다고 생각한다. 하지만 '복음주의 진영'을 떠나겠다고 발표하는 엘리트 복음주의자들을 보면 그의 예측이 어느 정도 타당해 보이기도 한다. 반면에 이런 예측은 복음주의자들의 지성 공동체가 처한 현실을 주목할 때 꼭 들어맞지 않는다. 듀댓은 대다수의 '평범한' 복음주의자들에게서 떨어져 나온 '복음주의자 지성인들'에 가담한 무리 가운데 하나를 예상했을 뿐이다. 그의 예측은 정확한 것일까?

북미에는 매우 중요한 복음주의 학술 기관들의 연합체가 있다. 기독교단과대학과 종합대학 협의회CCCU에는 140개의 복음주의 학교들, 그리고 30만 명이 넘는 재학생이 소속되어 있다. 또한 북미 신학교 협회ATS의 발표를 보면 북미에서 학위를 인정받는 270개의 기관이 등록되어 있는데, 그 가운데 자신들의 정체성을 복음주의 진영으로 표방하는 곳이 40퍼센트에 달하며, 그 학교들의 재학생 규모는 신학대학원에 등록한 학생 중 60퍼센트—약 4만 명이다—라고 설명한

5. Douthat, "Is There an Evangelical Crisis?"

다. 만약 기독교단과대와 종합대학 협의회CCCU나 북미 신학교 협회 ATS에 등록되지 않은 바이블스쿨, 칼리지, 신학교의 숫자를 포함한다면, '복음주의자 지성인들'은 복음주의자라는 자기 정체성을 가지고 학교를 선택해서 다니는 50만 명의 학생들을 가르치고 있다고 말할 수 있다.

그 학생들 가운데 대다수는 복음주의 교회 출신들이고, 많은 학생들은 다시 그 교회로 돌아갈 것이다. 그들은 '복음주의자 지성인들'로부터 배운 내용을 졸업 이후에는 전문적인 영역으로 가져갈 것이다. 이런 분포는 복음주의의 풀뿌리적인대중적인—역주 정서를 전혀 모르는 상아탑 엘리트의 예측과는 크게 다른 그림이다.

복음주의 교육 기관에서 반세기 이상을 보낸 사람으로서 나는 나 스스로를 성찰하기 위한 몇 가지 중요한 질문을 담은 그림을 그려 보았다. 나와 동료들이 가르쳤던 수만 명의 복음주의자 학생들을 고려한다면, 우리는 오늘날 복음주의 운동이 가진 현재의 태도와 관점에 대해 대략 어느 정도의 책임을 지니고 있을까? 그리고 만일 우리가 복음주의를 '떠나기로' 결정한다면, 우리는 우리에게서 '복음주의자'가 되는 법을 배웠던 과거의 학생들에게 이제 그들이 어떻게 행동해야 하는지를 조언해 줄 책임을 갖고 있는 것은 아닐까?

나는 또한 내가 앞서 설명했던 미국 복음주의 학술 연구소에서 지난 십 년 동안 진행했던 논의와 관련된 다른 종류의 걱정이 있다. 우리 모두가 각각 주장했던 복음주의자라는 정체성에 관해서 논의하기 위해 우리가 함께—그곳에서 또는 다른 장소에서—모였을 때, 우리는 복음에 대한 깊은 확신에서 나온 다양한 지적인 의제들을 다루고 있다는 공통된 확신을 가졌다. 결과적으로 이 유대감은 우리 스스로를 미국 기독교 안에서 독특한 운동에 동참하는 사람으로 인식하지 않았다면 달리 추구할 수 없었을 학문적 성과들을 만들어 냈다.

지금은 어떤가? 복음주의 교육 기관들 사이를 연결해 주던 유대감이 더는 필요가 없을까? 만일 젊은 학자들이 광범위하게 영적이고 신학적인 운동에 참여한다는 인식을 더 이상 가지지 못한다면, 그들이 그런 종류의 유대감을 계속해서 키워갈 수 있을까?

한 유명한 학자가—자기 스스로 세속적 유대인으로 여긴다—한번은 풀러 신학교에서 진행하는 연구에 참여한 적이 있다. 그는 좋은 사람이었고, 나에게 풀러 신학교를 경험하면서 받았던 인상을 꼭 말해 주고 싶어 했다. 그는 "이곳은 독특한 곳이군요, 리처드. 현재 이곳의 연구자들은 매우 인상적으로 두 가지 임무를 동시에 수행하고 있어요. 당신의 학교는 가장 우수한 학문적 성과를 만들어 냈을 뿐만 아니라, 대중과 긴밀하게 연결되어 있습니다."라고 말했다. 그리고 그는 이렇게 덧붙였다. "하지만 당신들은 그것을 유지할 수 없을 거예요. 결국은 학교의 학문적 성과가 낮아지거나 대중과의 연결성을 잃어버릴 겁니다. 그동안은 이 둘 사이의 팽팽한 균형이 유지되는 것을 탁월하게 잘 지켜 왔지만, 결국 깨질 수밖에 없을 겁니다."

나는 그에게 풀러 신학교는 그 균형을 성공적으로 유지하는 많은 복음주의 학교들 가운데 하나일 뿐이라고 응수했다. 그리고 나는 우리가 그것을 잘 수행하고 유지해 갈 자신이 있다고 말했다. 그의 말처럼 우리가 만일 그중 하나의 길만을 선택하게 된다면, 나는 그것을 복음주의자들의 중대한 실패로 여길 것이다.

사실상 듀댓의 '붕괴' 시나리오는 복음주의의 실패가 다가오고 있음을 예견한 것이다. 그렇지만 꼭 그렇게 진행되어야만 하는 것은 아니다. '복음주의자'라는 꼬리표를 지키는 데 성공하려면 반드시 똘똘 뭉쳐야만 하는 것도 아니다. 그러나 그것은 그 꼬리표 때문에 확인—지금까지—된 유산 가운데 최고의 것을 보전하기 위한 명확한 전략을 의도적으로 발전시키는 것을 의미한다. 나는 복음주의 운동을 떠나겠다고 가볍게 말하는 학계의 지도자들에게, 이곳에 머물면서 이 전략을 수행하는 데 참여하기를 간절히 요청한다.

2장
달라지는 복음주의

오늘날 기독교는 달라지고 있다. 교회가 지구의 남쪽—남아메리카, 아프리카, 그리고 아시아—에서는 성장하고 있는 반면에 북반구에서는 축소되고 있다. 새로운 문화 현상들은 새로운 도전을 불러왔다. 나는 우리 문화의 맥락에서 무슨 일이 일어나는지에 깊이 관심을 두고 있는 신학자로서, 내가 사회생활을 시작할 때는 지성적으로 결코 관심 두지 않았던 문제들, 즉 성 정체성들, 소셜 미디어, 온라인 쇼핑, 게임, 비디오 스트리밍, 극우 정치, 드론, 생명 복제, 그리고 가상현실에 대해서 깊이 고민하고 있다.

우리가 이 모든 문제에 집중할 필요는 없지만, 이런 현실들을 무시하는 것은 교회와 교회의 사명에 큰 위협이 될 수 있다. 이런 문제를 해결하기 위해 애쓰는 것은 개인적으로 꽤나 흥미로운 일이다. 나는 기독교인으로, 보다 구체적으로는 복음주의자로 살아온 대부분의 시간 동안 내가 달라지고 있었다는 것을 알게 되었다.

완강히 버티기

신앙으로 나를 키웠던 분들—부모님, 선생님, 설교자, 복음 전도자들—은 신앙을 지키는 것을 중요하게 여기셨다. 우리는 완강하게 버텼다. 만일 그런 버티기를 운동으로 여긴다면, 그것은 대체로 수직적인 운동이었다. "만일 우리가 약속 위에 '서' 있다면, 예수님을 위해 **'일어나세요.'"**

대체로 20세기 초반 근본주의자들과 근대주의자들 사이에 있었던 논쟁을 기억함으로써 영적으로 자신의 자리를 지키는 것이 강화되었다. 그 시기에 움직이는 이미지는 종종 신학적으로 뒤를 돌아보기보다는 앞을 내다보는 '진보progressing'와 '발전evolving'과 같은 자유주의적 미사여구와 관련이 있었다. 나는 거세지는 진보주의 신학을 반대함으로써 '복음을 위해 버티고 서 있었던' 용기 있는 지도자들의 이야기를 자주 들었고, 십대 시절 우리가 다니던 공립학교에서는 '신앙을 꽉 붙잡도록' 격려했다.

나는 버티는 형상을 여전히 좋아한다. 타운엔드Townend와 게티Getty의 'In Christ alone오직 예수 안에, 우리말 제목으로는 '예수 안에 소망 있네'로 번역되었다—역주'이라는 노래 가사처럼, 내가 아는 젊은 복음주의자들이 '여기 그리스도의 사랑 안에 내가 서 있네'라고 노래 부르는 것이 반갑다. 마틴 루터가 "내가 여기 서 있습니다. 나는 다른 어떤 것도 할 수 없습니다."라고 외쳤을 때, 그는 타당한 성경적 기반을 가지고 있었다. "깨어 믿음에 굳게 서서 남자답게 강건하라"고전16:13

다시 말하지만, 버티는 모습을 상상하는 것에는 유익하고 중요한 것들이 많다. 그러나 나는 단순히 버티는 것보다는 그 신앙을 계속 붙잡고 있는 형상을 덧붙여 왔다. 붙잡는 그림 역시 성경적이다. 우리는 "우리가 믿는 도리를 굳게 잡아"히4:14야만 한다. 예수님께서는 초대 교회두아디라교회—역주에 "다만 너희에게 있는 것을 내가 올 때까지 굳게 잡으라"계2:25라고 말씀하셨다.

내가 붙잡기와 관련해서 특별히 좋아하는 부분은, 우리는 움직이면서 굳건하게 붙잡아야 한다는 점이다. 그리고 다른 많은 복음주의자들처럼, 나는 지난 수십 년 동안 내가 많은 부분에서 달라져 왔다는 것을 알고 있다. 분명히 그저 달라지지 않고 유지하고 있어야 할 때가 있다. 그러나 오늘을 살아가는 기독교인으로서 우리의 삶은 자주 신속하게 움직이면서도 단단히 붙잡는 것이어야 한다.

명사에서 동명사로

나는 수십 년 동안 기독교 세계관을 갖는 것이 중요하다고 가르치며 글을 써 왔다. 보다 최근에는 명사에서 동명사로 옮겨 가고 있는 나 자신을 발견했다. 우리 가운데 누구도 형성이 완결된 시각으로 세상을 조망하면서 그것이 우리에게 제시하는 도전들을 가지고 있다는 측면에서 성경을 바탕으로 한 세계관을 옳게 '가졌다'고 가볍게 주장할 수 있는 사람은 아무도 없다. 우리는 우리의 궁금증을 기독교적 사고체계 안으로 밀어 넣고는 그 체계가 모든 답을 대량으로 쏟아 내리라 기대해서는 안 된다. 우리는 일상에서 발견하는 것을 말씀에 비추어 봄으로써 우리가 마주하는 것을 깊이 생각하는 **세계 보기** Worldviewing에 반드시 동참해야 한다.

이와 관련해서 내가 깊이 감명 받은 성경 구절은 시편 119편 105절이다. "주의 말씀은 내 발에 등이요 내 길에 빛이니이다" 요즘 우리가 걷는 길에서는 갑자기 시야에 새로운 것들이 많이 들어오는 느낌이다. 결혼한 한 레즈비언 부부가 복음주의자들의 교회를 방문하면서 그리스도를 구주로 영접했는데, 그들은 그 교회의 회원으로 가입하고 그들의 두 아이가 세례 받기를 바란다. 그들이 다음 단계로 나아가기 위해서 우리는 어떤 조언을 해 줄 수 있을까? 성전환자의 정체성은 어떤가? 과거에 나는 이런 문제에 대해서 진지하게 생각하지 못했다. 드론이 전쟁 도구로 사용되고 있어도 괜찮은가? 이 문제는 우리 가운데 정당전쟁 이론을 고수하는 사람들에게 새로운 의문을 제기한다. 주변의 무슬림 이웃들과 대화하는 것은 어떤가? 우리 가운데 대다수는 그런 대화에 참여해 본 적이 없을 것이다.

나는 이런 종류의 의문에 신뢰할 만한 대답을 제시할 수 없다. 내가 할 수 있는 것이라고는 삶의 여정에서 나타나는 이런 현상들 위에 하나님의 말씀을 비추면서 어떤 분명한 시각을 얻기 위해 노력하는 일뿐이다.

문제에 이렇게 접근하는 것이 오늘을 살아가는 신실한 제자들을 너무 많이 혼란스럽게 하고 의심을 품게 하지는 않을까? 그럴 가능성이 있다. 그러나 그렇게 함으로써 몇 가지 유용한 자원을 개발할 수 있다. 믿음의 길을 걷기 위해서는 **분별력**을 적절하게 활용해야 하는데, 그것은 공동체적으로 활용할 때 가장 잘 사용할 수 있는 영적 은사다. 우리가 일상에서 발견한 것을 조명해 주시는 하나님 말씀의 빛을 추구하는 신앙의 안목을 훈련하기 위해 꾸준히 노력해야 한다. 우리는 하나님의 말씀을 읽고 나서 신앙 여정에서 우리가 마주하는 새로운 도전들에 대응하는 방식을 두고 다른 사람들과 함께 대화—심지어는 논쟁—한다.

이것을 …라고 할 수 있을까요?[1]

칼빈 대학Calvin College 철학과 재직 시절, 나는 매주 동료 교수들과 함께 우리가 학문적으로 진행하고 있는 연구의 진척 상황을 공유하는 시간을 가졌다. 니콜라스 월터스토프Nicholas Wolterstorff는 예술 철학 분야의 전문 서적을 집필하고 있었는데, 그 주간에 우리는 특별한 예술 작품을 만드는 요인을 두고 토론하고 있었다.

나는 시카고에서 열린 전시회에서 아내와 함께 관람했던 작품에

---

1. 여기서 다뤄지는 내용의 일부는 출판사의 허락을 받아 다음의 책에서 가져왔다. Richard J. Mouw, "The Problem of Authority in Evangelical Christianity," in *Church Unity and the Papal Office: An Ecumenical Dialogue on John Paul II's Encyclical Ut Unum Sint*, ed. Carl E. Braaten and Robert W. Jensen (Grand Rapids: Eerdmans, 2001), 133-34.

대해 그에게 질문했다. 예술가 한 사람이 큼지막한 합판에 접착제를 발라 소품을 만들었다. 그러고 나서 그는 첼로를 가지고 그 합판을 내리쳤다. 접착제가 굳은 후에 그는 흩어진 조각들을 한군데로 모아 놓더니, 그것을 예술 작품으로 전시했다.

"내가 이해할 수 있게 도와주세요. 거기서 무슨 일이 일어난 거죠?" 나는 월터스토프에게 물었다. 그의 대답은 오래도록 내 기억에 남았다. 그는 우리가 영문 모를 이런 종류의 예술품을 볼 때마다 예술가의 의도를 생각하면서 적어도 속으로는 다음과 같은 의문을 품어야 한다고 말했다. "글쎄요, **이것을** 예술 작품이라 부를 수 있을까요?" 그는 결국 우리에게 심미적인 작품들을 평가하기에 적합한 범주와 기준선에 대해서 고민해 보자고 청했다.

그 대화는 '해체deconstruction'라는 용어가 학문 공동체에서 보다 빈번하게 사용되기 직전에 나눴던 것이다. 오늘날 많은 그리스도인들은 '해체'를 탈근대적postmodern 생각과 관련된 최악의 것들을 대변하는 것으로 생각한다. 해체 이론가들은 우리가 항상 당연한 것이라고 생각했던 것들을 주의하기를 바라며, 전통적인 범주와 신념을 지키는 것을 종종 비웃거나 부정적인 평가를 받게 함으로써 혹평한다. 바로 이것이 우리가 결혼에 대해 문화적으로 합의하는 가운데서 일어나고 있는 일이다. "자, 이것을 결혼이라고 할 수 있을까요?" 왜 결혼은 한 남자와 한 여자 사이에서만 가능한가? 왜 동성 간에는 결혼 관계가 성립되지 않는가? 그리고—이런 질문은 현대 유럽에서 빈번하게 제기되는 물음인데—**세 명의** 여자들 사이에서는 결혼 관계가 성립할 수 없는 이유는 무엇인가? 혹은 우리는 왜 '남성'과 '여성'이라는 꼬리표로 우리 자신을 제한해야만 하는가? 사람의 성 정체성을 단지 두 개의 범주로만 결정하려는 이유는 무엇인가?

말할 필요도 없이, 나는 복음주의 운동 안에서 해체주의를 널리 권하고 다니는 것으로 유명해지고 싶지는 않다. 오늘날 우리가 '의심의 해석학'이라 부르는 것을 이용해서 사물에 관한 전통적인 이해에 꾸준히 집중하는 것은 인간의 삶에 담긴 신적 질서의 측면을 약화시키는 일에 우리 자신을 참여 시키는 것이다.

그러나 사실 수십 년 동안 우리 복음주의자들은 회중들의 삶의 문제와 관련하여 해체주의가 계획하는 것보다 훨씬 폭넓게 세상에 관여해 왔다. 우리는—적어도 알게 모르게—이런 종류의 질문을 제기해 왔다. "음, **이것을** 찬양이라고 부를 수 있을까요? **이것을** 찬양에 사용할 만한 악기라고 할 수 있을까요? **이것을** 교회 건물이라고 할 수 있어요? **이것을** 회중이라고 불러도 될까요? **이것을** 예배라고 할 수 있을까요? **이것을** 설교라고 할 수 있을까요?"

이처럼 복음주의자가 일상에서 삶과 교회의 사명에 대해 고민하는 방식이 해체주의적 경향을 보인다. 그리고 이것은 나쁜 것이 아니다. 교회가 새롭게 되는 것은 좋은 일이고, 올바른 변화로 나아가기 위해 우리는 형식에 대한 우리의 기존 관념과 우리 사역에 대한 형태를 재점검할 필요가 있다.

교회에 관해 고민하던 나에게 큰 도움을 준 책이 한 권 있는데, 그것은 위대한 예수회 신학자 에이버리 덜스Avery Dulles의—그는 생애

말년에 추기경으로 임명되었다—*Models of Church*한국어판 제목은 『교회의 모델』이다—역주이다. 그는 이 책에서 예일 출신 성경학자 폴 미니어 Paul minear가 신약성경에서 발견한 교회에 관한 96개의 형상을 사용한다. 덜스는 우리가 교회 갱신을 위해 지속적으로 노력할 때 필요한 풍부한 자원으로 그 형상들을 이해했다. 그는 "지난 세기와 마찬가지로, 성령님의 인도 아래 기독교인이 살아가는 모양과 형태들은 계속해서 변화할 것입니다."[2]라고 주장했다.

덜스는 '무엇이든 다 괜찮다고 받아들이는' 신학자가 아니었다. 그는 제2차 바티칸공의회 이후의 로마 가톨릭교회에서 보다 전통을 고집하는 사상가 가운데 한 사람으로 알려졌다. 이것은 내가 인용한 문장을 보다 특별하게 만든다. 그는 우리가 교회를 어떻게 생각해야 하는지 가르쳐주는 지침으로 성경을 지목했으며, 무엇보다도 우리들이 함께 살아가는 삶의 '모양과 형태'에 대해 열린 자세가 필요하다고 말했다. 그는 이런 일은 반드시 '성령님의 인도'로만 발생한다고 바르게 주장하고, 곧바로 '지난 세기 동안' 변화를 추구했던 사람들의 인식을 재빨리 덧붙였다. 이 세 가지는—성경, 성령님의 임재, 그리고 과거에 어려운 길을 걸었던 사람들의 인식은—흔들리는 복음주의자들이 신앙을 굳건하게 붙잡는 데 필요한 것들이다.

---

2. Avery Dulles, *Models of the Church: A Critical Assessment of the Church in All Its Aspects* (Garden City, NY: Doubleday, 1974), 192.

3장
흔들리는 여정

내가 이미 이야기했던 것처럼 나는 복음주의자가 되는 것이 여전히 좋은 일이라는 분명한 확신을 가지고 이 책을 쓰고 있다. 이 문장에서 '여전히'라는 단어는 지금 당장에는 많은 설명이 필요하다. 복음주의자가 되는 것이 좋은 일이 아니라 믿는 사람들—다른 종교적 신념을 가진 이들과 종교적 신념이 전혀 없는 사람들—은 분명히 존재해 왔다. 내가 앞에서 언급했던 이야기를 반복하자면, 과거에는 자신을 기꺼이 복음주의자로 자처하던 사람들이 요즘에는 그 운동을 지속하기 위해 노력할 가치가 없다고 말한다. 나는 동의할 수 없다. 나는 복음주의자가 되는 것이 여전히 중요하다고 생각한다. 만일 누군가가 그 꼬리표를 포기하기로 결정할 예정이라고 하면, 나는 그와 함께 그 유산을 보존하기 위해 특별한 조치를 취하고 싶다.

복음주의자라는 뚜렷한 인식을 가지고 반세기 정도를 살아왔으므로 나는 이 책에서 말하는 내용 가운데 다소 개인적인 경험을 다룰 예정이다. 그러나 나는 이 책을 집필하면서 이것이 기본적으로 나에 관한 책이 되지 않도록 노력했다. 나는 여기서 개인적인 여정에 대한 이야기를 할 것인데, 적어도 이것은 내가 의도한 것이다. 왜냐하면 복음주의자라는 정체성을 유지하기 위해 나 자신이 꾸준히 노력해 온 이야기를 하지 않고서는 책의 목적을 이루기가 어렵다는 것을 깨달았기 때문이다.

나는 지금 70대 중반에 이르러서 이 책을 쓰고 있기 때문에 나와 비슷한 나이의 사람들—특별히 한 기관이나 운동에서 지도자 역할을 하는 사람들—이 젊은 세대가 살아가는 방식에 대해 점점 더 투덜거리게 된다는 사실을 알고 있다. 우리는 우리 세대를 이끌었던 목표들과 감성들, 그리고 우리의 선조들이 더 이상 존중받지 못한다는 사실을 걱정하고 있다.

이런 걱정을 담아내는 것이 이 책을 쓰는 목적은 아니다. 나 자신의 정체성을 복음주의자로 규정하며 지내온 시간들은 흔들리는 기간이었다. 그리고 나는 여전히 흔들림을 경험하고 있다. 내가 풀러 신학교의 총장으로 취임했던 1993년, 나는 흔들리는 복음주의를 주제로 취임 연설을 계획했다. 성인이 된 이후로 복음주의와 흔들림을 결합하는 것이 내 삶의 역사가 되었다. 내가 흔들리면서 얻어낸 자유가 없었다면 나는 복음주의 운동에서 생존하는 법을 몰랐을 것이다.

그리고 나는 젊은 세대의 복음주의자들이 놀랄 만큼 불안해 하고 있다는 것을 알고 있다. 나는 계속해서 신학교 학생들을 가르치고 있고, 나는 정기적으로 기독교단과대와 종합대학에서 학생들을 대상으로 사역하는 사람들을 방문한다. 나는 이 세대에서 내가 깨달은 것들 덕분에 감사가 넘친다.

복음주의 신학교 지도자들의 모임에서 대략 십여 명의 사람들이 각자 자신이 몸담고 있는 학교의 동향에 대해서 이야기를 나누었다. 한 총장은 자신이 일하는 학교에 다니는 학생들 중 너무 많은 학생들이 목회 사역에 대한 분명한 헌신 없이 그들의 학업을 시작한다고 불평했다. 그는 이렇게 말했다. "그들은 신학교에서 기껏해야 '진로를 탐색하기' 위해 노력하고 있어요. 이것은 좋은 현상이 아닙니다! 우리는 강단에 서서 하나님의 말씀을 설교하는 일에 열정을 가진 남자가—그의 학교는 여성 사역자 임명을 찬성하지 않는다—필요합니다."

그의 의견에 반대하는 다른 총장이 자신의 생각을 말했다. "나는 진심으로 지금 세대의 신학생들에게 감동했습니다. 그들은 우리가 신학교에 갔을 때 이해했던 것보다 훨씬 더 복잡한 것들을 이해합니다. 그들 중 많은 학생들이 해외를 다녀온 경험이 있습니다. 그들은 가난, 집 없는 아이들, 성 매매 문제를 걱정합니다. 그들은 북미에서 일어나고 있는 인종차별과 경제 분배 문제에 대해서 걱정하고 있습니다. 그들은 창조의 선한 청지기가 되는 것에 대해서 깊은 관심을 갖고 있습니다. 그리고 그들은 활기찬 기독교의 복음을 들고 잃어버린 땅에 닿게 되기를 소망합니다. 그들이 '진로를 탐색해야' 한다는 강박 관념을 가진다면, 아마도 그 이유는 그들이 하나님 나라를 섬기는 것이 무엇을 의미하는지를 담은 큰 전망을 가지고 있고, 또한 강단 중심의 사역이 그들에게 주님을 섬기는 최선의 장소인지를 확신하지 못하기 때문이며, 그들은 하나님 나라 가운데 어느 장소가 그들에게 적합한 자리인지 찾고 있는 겁니다."

그는 내가 품고 있는 생각을 제대로 이해하고 있었다. 나와 시간을 보냈던 학생들 가운데 많은 이들—대학원생이나 학부생—은 자신이 속한 복음주의 안에서 흔들리고 있었다. 나는 그것 때문에 진심으로 감사하고 있다.

복음주의자로서 흔들리는 나의 경험은 십대 초반에 시작되었다. 어느 해 여름, 나는 근본주의 말씀 사경회에서 주방 보조로 일했다. 나보다 나이가 많은 봉사자 가운데는 지적 호기심이 많은 대학생 형이 있었다. 비록 그가 말하는 모든 것을 이해하지는 못했지만, 나는 그가 관심 있는 부분을 두고 그와 대화하는 것을 즐겼다. 뿐만 아니라 그가 과학과 신앙의 관계를 다룬 책을 읽고 있다고 내게 말했을 때, 나는 그 책을 빌려달라고 요청했다. 그 책은 버나드 램Bernard Ramm 의 *A Christian View of Science and the Scripture*과학과 성경에 대한 기독교적 관점, 한국어판 제목은 『과학과 성경의 대화』이다—역주였다.

그는 사경회 기간 동안에는 다른 누구에게도 보여 주지 말라는 경고와 함께 그 책을 빌려주었다. 그는 그 책의 저자가 과학적 진화의 개념을 우리 사경회에 참석한 사람들이 생각하는 만큼 나쁜 관점은 아닌 것으로 설명한다고 말했다. 그의 설명에 따르면, 그 책은 복음주의 진영 안에서 몇 가지 논란을 일으키고 있다는 의미였다.

램의 책은 내게 신선한 공기를 마시도록 도와주는 것 같았다. 나는 고등학교에서 진화에 대해서 긍정적으로 가르치는 선생님의 생물학 수업을 들었다. 나는 그녀가 가르친 내용을 납득할 수 있었지만, 내가 속한 진영의 설교자들과 선생님들로부터 우리가 그런 종류의 관점에 대항해서 싸우고 있다고 지속적으로 경고받았다. 그들의 경고는 나를 설득하지 못했고, 나는 램의 책을 읽음으로써 성경적인 신앙을 포기한다는 감정을 느끼지 않고도 의심을 품을 수 있다는 작은 소망을 갖게 되었다. 그 주방보조 동료는 다른 말로 다시금 나를 안심시켰다. 그는 램이 복음주의자라고 말했는데, 그것은 참 다행스러운 부분이었다. 그것은 그가 복음을 믿는다는 것을 의미했다. 반면에 그는 우리가 일했던 사경회에 참석한 친구들과 같은 근본주의자는 아니었다. 나는 그가 만드는 차이에 대해서 분명히 깨닫지는 못했지만, 복음주의자가 되는 것은 나에게 매우 좋은 일이라는 인상을 받았다.

몇 년 후에 나는 '복음주의자'라는 꼬리표를 다시 접하게 되었다. 지금으로부터 반세기도 더 지난 과거에 있었던 기억을 떠올려 보자면, 그것은 나의 남은 일생 동안 영적이고 신학적인 여정의 방향을 정할 수 있게 도와주는 만남이었다.[1]

그것은 1956년 10월의 일이었다. 열여섯 살이었던 나는 혼자 집에 있었는데, '크리스채너티 투데이Christianity Today' 창간호가 우리 집 우편함에 도착했다. 초창기에 그 잡지는 사역자들에게 무료로 발송

---

1. 이어지는 단락은 출판사의 허락을 받아 다음의 책에서 인용한 것이다.
   Richard J. Mouw, "Happy Birthday, Christianity Today!," *First Things*, October 17, 2016, https://www.firstthings.com/blogs/firstthoughts/2016/10/happy-birthday-christianity-today.

되었는데, 우리 아버지는 목사였다. 나는 그날 우편물을 정리하다가 그 새로운 잡지의 표지를 슬쩍 보게 되었다. 나는 잡지 안에 빌리 그래함Billy Graham의 글이 들어 있는 것을 확인하고는 그가 성경의 권위에 관해서 말하는 내용들을 읽기 위해 자리를 잡고 앉았다.

그 잡지에 흥미를 갖기 시작하면서, 나는 또한 칼 헨리Karl Henry가 쓴 "왜 '크리스채너티 투데이'인가?"라는 제목의 사설을 읽었다. 나는 헨리에 대해서는 아는 게 없었을 뿐만 아니라 복음주의자의 정체성에 대한 복잡한 논의에 관하여 그 어떤 실마리도—사경회 주방보조 동료가 버나드 램에 대해서 말해 준 것을 제외하고는—가지고 있지 않았다. 그런데 헨리가 복음주의적 학문의 필요성과 마찬가지로 전 세계의 다양한 학문 영역에서 일하는 복음주의자 학자들의 연대를 돕는 일의 중요성에 대해서 언급했는데, 그 당시 나는 그것이 나의 영적 배경에서 익숙하게 듣던 것과는 다른 종류의 목소리임을 분명하게 깨달았다.

나는 '복음주의'와 '학문'을 한 쌍으로 만드는 중요한 소명을 이전에는 미처 이해하지 못하고 있었다. 나는 기독교인들이 주의 깊은 **사유**에 참여해야 한다고 격려하는 말이라고는 단 한마디도 들어 본 적이 없었다. 내가 청소년일 때, 복음주의자들은 지성주의를 강하게 반대했다. 지성주의는 때때로 공공연한 놀림거리가 되었다. 예를 들어, 나는 어린 시절에 '주해註解'라는 단어에 관해서 어떤 종류의 설명도 들어 보지 못했다. 그러나 그것이 무슨 의미를 가지고 있든지, 나는 당신에게 진정한 그리스도인이라면 무슨 수를 써서라도 꼭 피해야 하는 단어라고 말할 수 있었다. 나는 그 단어를 순회 부흥사에게서 들었는데, 그는 수년간 신학교에서 배웠던 내용과는 정반대로 이렇게 외쳤다. "여러분에게 주해는 필요가 없습니다. 오직 예수님만 필요합니다!"

게다가 이성적인 삶을 너무 많이 강조하는 것을 반대하는 경고들이 더 빈번하게 그리고 꾸준히 이어졌다. 만일 누군가가—예를 들어 대학 교수가—존경받을 만한 사람으로 계속해서 인정받는다면, 그것은 뚜렷한 학문적 성과와 관계없이 대체로 그 혹은 그녀가 '굳건한 믿음'을 가졌기 때문이다.

그런데 나는 크리스채너티 투데이의 창간호를 읽으면서 칼 헨리가 무언가 색다른 이야기를 우리에게 하려고 시도했음을 분명히 알 수 있었다. 그리고 십대의 열정을 가진 나는 그가 말하는 것에 내가 우호적으로 반응하는 것을 감지했는데, 나는 그 당시까지의 나를 형성해 왔던 복음주의에 반대하는 약간의 반역—램의 책을 읽을 때와 다르지 않은 경험—에 참여하고 있었다.

나는 헨리의 주장에 빠져들면서 죄책감을 동반한 즐거움을 간직하고 있었는데, 그 감정은 빌리 그래함이 이 모든 것들에 관해 헨리에게 대부분 동의한다는 사실을 확인함으로써 계속 유지되었다. 빌리 그래함은 나의 영웅이었고, 이듬해 그 마음은 더 커졌다. 1957년 그는 뉴욕시의 메디슨 스퀘어 가든에서 그의 크루세이드crusade 운동을 시작했고, 우리 북부 뉴저지 교회의 교우들은 그 집회에 참석하기 위해 뉴욕으로 가는 사람들의 버스 경비를 후원했다. 신앙이 없던 고등학교 친구들 몇 명을 초대해서 함께 참석했던 저녁 집회 가운데 어느 날, 공개적으로 예수 그리스도를 주와 구원자로 영접하는 수백 명의 무리에 동참하라는 빌리 그래함의 초대에 그 친구들 중 한 명이 반응해서 복도로 내려갔을 때, 나 역시도 그 대열에 합류했다. 내게 그날 밤은 내가 복음의 약속을 품에 안았다는 사실을 공개적으로 고백하는 시간이었다. 그리고 나는 크리스채너티 투데이에서 확인한 칼 헨리와 그래함의 분명한 동반자 관계를 통해, 그리스도께 개인적으로 헌신하라는 복음주의자의 소명과 지성인들의 사회에 진지하게 참여하는 일 사이에서, 그리고 또한 내가 나중에 알게 되었던 것처럼 복음주의와 공적인 삶의 문제들에 진지하게 참여하는 것 사이에서 어느 하나만 선택할 필요가 없음을 확신하게 되었다.

4장
제2의 소박성을 향하여

풀러 신학교의 나의 전임 총장이었던 데이빗 알렌 허바드David Allan Hubbard는 올리버 웬델 홈즈Oliver Wendell Holmes의 다음과 같은 표현을 즐겨 사용했다. "나는 복잡함 이전의 단순함에는 아무 관심도 없지만, 복잡함 너머에 있는 단순함을 위해서는 내 생명을 걸겠다." 이것은 철학자 폴 리쾨르가 '제1의 소박성'과 '제2의 소박성'을 구분하면서 의도했던 것을 표현하는 좋은 방법이다. 첫 번째 의미에서 소박해지는 것은 비평 이전에 어떤 특정한 관점을 고수하는 방식이다. 두 번째 종류의 소박성은 비평 이후의 방식이다. 그것은 비판적으로 실험하고 반영하는 과정을 통해서 **도달한** 마음의 상태다.

제2의 소박성을 향한 내 여정에서 개인적으로 가장 중요하게 생각하는 부분은 성경의 권위에 대한 나의 신념과 관련이 있다. 제1의 소박성을 넘어서도록 나를 부추겼던 것은 흔들림이었다. 그러나 나의 흔들림은 성경의 권위에 대해서 내가 배워 왔던 것을 확인하는 새로운 방식으로 나를 이끌었다.

앞서 언급했던 근본주의 말씀 사경회에서 봉사하던 시절, 우리는 성경의 권위에 대해서 강한 확신을 가지고 있었다. 우리는 우리의 확신을 다음과 같은 표현에 담아냈다. "만일 성경이 그렇게 말한다면, 나는 그것을 믿습니다."

그 이후 나는 성경이 기독교인의 삶과 사상에 영향을 주는 방식을 이해하기 위해서 기나긴 과정을 지나왔다. 그리고 이제 그것을 다음과 같이 표현하려고 한다. "만일 성경이 그렇게 말한다면, 나는 그것을 믿습니다."

그렇다. 같은 표현이다. 나는 성경에 최고의 권위가 있다는 내 믿음을 표현하기 위해서라면 청소년 시절 단어를 사용하기를 주저하지 않을 것이다. 그렇지만 60년이 흐르는 동안 나는 그 확신을 지속하기 위한 연구를 여러 차례 열심히 진행했다. 그리고 최근에 나 자신을 보면 그다지 어린 시절의 확신에 찬 태도로 돌아가는 것 같지는 않다. 오히려 그 확신을 새로운 방식으로 발전시키는 진전이 있었다.

내 생각에 이런 발전은 칼 바르트Karl Barth가 미국을 방문했던 1960년대 초반에 그에게 실제로 일어났던 일이었다. 한 기자는 이 위대한 신학자에게 신학의 기본적 강조점으로 삼고 있는 내용을 몇 단어로 요약해 달라고 요청했다. 이에 바르트는 다음과 같이 대답했다. "제가 아는 것은 예수님께서 저를 사랑하신다는 사실입니다. 왜냐하면, 성경이 그렇게 말하기 때문입니다."

바르트의 대답에서 꽤나 매력적인 부분은 그가 기독교 사상에 대해 자신이 깊이 이해한 것을 요약해서 마치 순진한 어린아이의 신앙 형태로 표현한 것이다. 그가 영적이고 신학적인 복고운동에 동참했 던 것은 아니다. 수년 동안 지속해 온 자신의 복잡한 신학 여정에도 불구하고, 그는 자신이 여정을 시작했던 어린 시절로 돌아가겠다고 말하는 것도 아니었다. 오히려 그는 복잡한 신학적 순례의 **결과**로 그 가 어디에 도착했는지를 우리에게 말해 준 것이다.

자신의 신학에 관해 질문을 받았을 때, 바르트는 제2의 소박성을 표현했다. 비록 나는 신학적 감각이 칼 바르트의 수준에 미치지 못하 지만, 나는 그와 유사하게, "만일 성경이 그것을 말한다면, 나는 그것 을 믿겠습니다."와 같은 '제2의 소박성'을 제시할 수 있다.

'신앙 논쟁 소동'The 'Tumult of Opinions'[1]

물론, 몇 가지 중요한 주제들에 관해 성경이 진짜로 **이야기하는** 것 이 무엇인가 하는 중대한 문제는 점점 더 분명해지고 있다. 나는 자 라는 동안 이 주제와 관련하여 심각한 혼란을 경험했다. 우리 아버지 는 유아세례를 지지하셨다. 그래서 침례교유아세례를 인정하지 않는다—역 주 설교자였던 삼촌과 우리 아버지는 가족 모임에서 유아세례에 관해

---

1. Parts of this section are adapted from Richard J. Mouw, *Talking with Mormons: An Invitation to Evangelicals* (Grand Rapids: Eerdmans, 2012), 5-7. Used with permission.

자주 그리고 길게 논쟁했다. 그들은 각자 성경 구절을 인용했지만 결코 상대방을 납득시키지 못했다. 나는 이 부분이 걱정스러웠다. 이 외에도 어렸을 적에 내가 알고 있었던 다음과 같은 다른 논쟁들이 있다. 예정인가, 자유의지인가? 방언은 이 시대의 표지인가? 아마겟돈 전쟁 이전에 이미 천년왕국은 임했는가? 로마 가톨릭 신자인 나의 친구들은 지옥으로 가고 있었을까?

내가 막 열세 살이 되었을 무렵, 우리 가족은 미국을 가로질러 뉴욕 주에서 캘리포니아까지 여행했다. 여정 가운데 우리는 성막 관람을 위해 솔트레이크 시티에 잠시 들렀다. 우리는 '조셉 스미스Joseph Smith가 말하는 자신의 역사'라는 제목이 붙은 안내 책자—모르몬교 Mormonism의 창시자가 설명하는 그의 '첫 번째 환상'이 담겨 있었다 —를 받았다. 우리 부모님은 유타솔트레이크 시티가 속한 주—역주 여행에서 우리가 겪었던 경험을 기발한 반기독교 선전 활동과 마주친 것으로 여기셨다. 그러나 나는 차 뒷좌석에 앉아서 조셉 스미스의 이야기를 읽으면서 그가 고향인 뉴욕 팔미라Palmyra에서 일어난 종교 논쟁 때문에 젊은 시절 겪었던 혼란을 회고하는 이야기에 빠져들었다. 장로교인들은 침례교인들과 논쟁을 벌였고, 그들은 각기 감리교도들의 관점을 공격했다. 스미스는 "말싸움과 설전 속에서, 나는 종종 혼잣말을 했다."라고 회고한다. "어떻게 해야 할까? 이들 가운데 누가 옳은가? 아니면 그들 모두 틀린 것인가? 만일 그들 가운데 한쪽이 옳다면 어느 쪽이 옳고, 나는 그것을 어떻게 알 수 있을까?"[2] 내가 스미스가 갔던 신앙 여정을 따르고 싶었던 것은 아니지만, 그는 열세 살 시절 혼란스러운 내 마음의 상태를 잘 포착했다.

시카고 대학 철학과 대학원 재학 시절, 나는 종종 내 동료 학생들에게 그들의 삶에서 철학을 공부하도록 이끈 궁금증이나 관심사가 무엇인지 묻곤 했다. 그리고 나는 다양한 종류의 대답을 얻어 냈다. 어떤 친구들에게 그것은 분석 철학에서 발견한 논리적 명확성에 대한 사랑이었다. 또 다른 친구들에게 그것은 초기 신앙과 이성에 관한 문제였다. 몇몇 사람들은 의미를 찾기 위한 노력에 관해 말했다. 한 친구는 나에게 어릴 적부터 '하나와 여럿the One and the Many' 우리가 세계를 이해하고 개념화하는 과정에서 등장하는 가장 기본적이고 존재론적인 개념 쌍— 역주이 자신을 꽤나 당황스럽게 했었다고 말했다.

우리 가족 차의 뒷좌석에서 스미스의 책을 읽었던 것이 나를 철학 공부로 이끌었던 그 질문을 찾게 해 주었다는 기억이 종종 떠올랐다. 우리는 중요한 주제들에 대해서 모순적인—그러나 겉으로 보기에는 일관성 있는—관점들 사이에서 어떻게 판단을 내릴 수 있을까? 최근 나는 회고록 형식으로 '공통의 기반을 위한 평생의 탐구'[3]를 다루는 책을 썼다. 공적인 것에 관한 그 주제는 내가 참여하고 있는 모든 심

---

2. The Joseph Smith Papers, "History, circa June 1839–circa 1841 [Draft 2]," 2018, http://www.josephsmithpapers.org/paper-summary/history-circa-june-1839-circa-1841-draft-2/2.

3. Richard J. Mouw, *Adventures in Evangelical Civility: A Lifelong Quest for Common Ground* (Grand Rapids: Brazos, 2016).

도 있는 지적 작업에서 기본적인 과제였다. 그러나 그것은 믿음과 실천에 있어서 양립 불가능해 보이는 차이를 어떻게 판단해야 하는지를 알게 해 주는 지적으로나 영적으로 서 있을 곳이 있느냐 하는 문제와 직결된다.

해석학 배우기

이러한 경향을 따라서 내 어린 시절의 혼란들은 성경이 실제로 가르치는 것을 어떻게 이해할 것인가 하는 좋은 부분에 초점이 맞춰졌다. 엄밀히 말해 이 주제에 대한 깊은 관심은 성경학자가 되는 데는 조금도 자극이 되지 못했다. 그러나 첫 번째 소박성에서 두 번째로 넘어가는 여정에서 나는 해석학과 권위에 대한 질문들을 피할 수 없었다.

내가 대학 졸업반 때 읽었던 책이 한 권 있는데, 그 책은 성경에 관한 문제들에 대해 고민하던 나의 여정에서 방향을 설정하는 데 큰 영향을 주었다. 그 책은 에드워드 존 카넬Edward John Carnell의 *Case for Orthodox Theology*정통신학 변증, 한국어판 제목은 『기독교 변증학 원론』—역주로, 나는 1959년에 그 책이 출간되자마자 읽었다. 우리가 다니던 대학의 총장님은 매우 보수적인 성향의 학자였고 종종 채플에서 우리들에게 영향을 미칠 수 있는 미심쩍은 책을 경계하는 말을 했다. 그가 카넬이 허구적 주장으로 논거를 정당화하는 매우 위험한 책을 썼다며 우리에게 소개했을 때, 우리 가운데 몇 사람은 그 책을 주문해서 카넬의 글을 읽었다.

그 당시 나와 내 친구들이 제일 즐겨 읽던 구절은 카넬이 근본주의 운동을 '**광적으로 변한 정통주의**orthodoxy gone cultic'[4]로 묘사한 대목이다. 그는 특별히 근본주의의 '부정적 윤리negative ethic'를 비판하면서 물고 늘어졌다. 카넬에 따르면, 근본주의자들은 음주, 카드놀이, 춤, 영화 관람에서 자신들이 발견한 폐해들을 중대하게 여겼다. 카넬은 그들이 이로써 "화, 질투, 증오, 가십, 욕망, 나태, 악한 비방, 살인, 사기, 불의와 같은 더 심각한 죄들과 모든 불법적인 교만에 주의하지 못하게" 했다고 평가했다.[5]

그 책을 읽는 것은 재밌었고, 근본주의를 성경적 정통성의 기준으로 규정할 필요가 없다는 내 생각을 강화시켰다. 결정적으로, 그의 책에서 해석학에 대해 논의한 부분이 지속적으로 내게 영향을 주었다. 그 이후로 그 주제를 다루는 전문적인 논의들을 훨씬 많이 접했지만, 여전히 내 기본적인 관점은 카넬의 간략한 논의에서 배운 것이다. 그는 성경이 '점진적인 계시'의 틀을 제시하는 방식을 강조하면서 논의를 시작했는데, 다음과 같은 다섯 개의 표제 아래 그 원리를 제시했다. "**첫째**, 신약성경이 구약성경을 해석한다. **둘째**, 서신서가 복음서를 해석한다. **셋째**, 조직적인 구절들이 부수적인 부분을 해석한다. **넷**

---

4. Edward John Carnell, *The Case for Orthodox Theology* (Philadelphia: Westminster, 1959), 113 (italics in the original).

5. Carnell, *Case for Orthodox Theology*, 120.

째, 보편적인 구절들이 지엽적인 부분을 해석한다. **다섯째**, 교훈적인 구절들이 상징을 해석한다."[6] 이 지침들은 간단하게 진술되었지만, 성경적 정통성을 이해하려던 내게 큰 도움을 주었다.

성경의 확언들

내가 여러 번 전해 들었던 이야기 가운데 하나는, 복음주의자들이 1974년 여름에 스위스 로잔Lausanne에서 열린 세계 복음화 국제 대회the International Congress on World Evangelism에 모여서 성경의 권위에 대한 합의문을 결정하던 과정에서 일어난 일이다(나는 그곳에 참석하지 않았다). 모든 참가자들은 자신들을 한 자리에 불러 모은 기본적인 우려에 동의하고 있었다. 그들은 복음화를 세계 교회 전체가 감당해야 할 사명 가운데 가장 우선순위에 있는 것이라고 확신했다. 그들은 복음주의와 사회적 활동 사이의 관계, 그리고 복음주의자들이 오랫동안 지켜왔던 신학적으로 중대한 주제와 같은 몇 가지 지점에서 동의하지 않았다. 하지만 로잔 언약Lausanne Covenant의 초안을 작성할 때는 합의 조항들이 신중하게 만들어졌음을 분명하게 표현한 덕분에 많은 부분이 원만하게 결정되었다.

그런데도 성경의 권위에 대해 합의를 이루는 데는 어려움이 많았

---

6. Carnell, *Case for Orthodox Theology*, 52-53. 강조(굵은 글씨)는 원문을 따랐다.

다. 그로부터 2년 후인 1976년에 크게 유명해진 해롤드 린셀Harold Lindsell의 *The Battle for the Bible*성경을 위한 전투, 한국어판 제목은 『교회와 성경 무오성』—역주의 출판과 함께 '성경 무오성inerrancy'에 대한 논쟁이 비로소 뜨거워졌지만, 긴장감은 이미 로잔에서부터 감돌고 있었다. 다소 보수적인 참가자들은 그곳에 모인 대부분의 사람들이 갖고 있던 성경 무오성에 대한 이해를 선언문에서 제거하도록 요구했다. 이 주제에 대해 합의된 선언문을 만들려는 노력은 실패할 것 같아 보였다. 그때 존 스토트John Stott가 성경은 "확언하는 모든 부분에서 오류가 없다"라는 명확한 표현을 제안했다. 그 누구도 그의 표현에서 문제점을 찾지 못했고, 그 표현은 대회에서 승인되었다.

물론 더 보수적인 사람들 가운데 일부는 나중에 그 결정을 재평가하는 시간을 가졌다(다행히 마지막 문구를 수정하는 시간은 아니었다). 그들은 '확언들'에서 상당히 모호한 용어가 사용되었음을 발견했다. 창세기 1장에서는 창조의 '날들'이라는 용어를 사용하고 있지만, 그것은 세상이 문자적으로 6일 동안—마찬가지로 성경이 '땅의 네 귀퉁이'라는 용어를 사용하지만계7:1, 그것이 지구가 사각형으로—창조되었다고 **단언한다**는 뜻은 아니다. 성경이 '확언'하고 있는 것은 다양한 요소—문맥, 저자의 의도, 다른 성경에서 가르치는 내용과의 관계—를 살펴보는 것을 통해 결정되어야 한다. 로잔 언약은 우리가 여전히 '무오'라는 용어를 사용하면서도 이런 복잡함을 인정하도록 돕는다.

그렇다면, 우리는 왜 그 단어를 여전히 사용하는 것인가? 내 복음주의자 친구들 가운데 많은 사람들은 최근까지 수십 년간 지속해 온 '성경을 위한 전투'가 결국 심각한 분열을 일으켰으므로 그 단어를 그냥 포기해야 한다고 믿고 있다. 린셀의 책을 따라서 격렬해진 그 논쟁은 많은 부분에서 잘못 진행되었지만, 나는 린셀의 평가에 공감하는 편이다. 예를 들어, 풀러 신학교의 내 동료들은 '무오'라는 단어를 선호하지 않음에도 불구하고, 성경의 일부 가르침이 분명히 틀렸다고 말하는 사람을 결코 자신들의 동료로 받아들이지 않을 것이다. 풀러 신학교에서 진행하는 신학적인 논의에서 우리들은 자신의 견해가 성경의 가르침에 부합되어야 한다는 것을 당연하게 여긴다.[7]

성경 무오에 대한 논쟁은 복음주의자들의 운동 내부에서 정치적인 충돌로 작동했다. 그것은 복음주의자들의 정체성을 제한하는 방식으로 분류하고 선을 그으려는 시도였다. 그 논쟁들은 성경이 오류를 포함하고 있는지를 다루는 것이라기보다는 성경 말씀을 연구하는 방법에 관한 것이었다. 근본적인 문제는 우리 복음주의자들이 성경이 가르치는 **것을** 해석하는 새로운 방법에 열려 있는지와 관련이 있다. A. W. 토저Tozer는 다음과 같이 주장하는 것을 좋아 했다. "우리는 성경 말씀의 의미를 깨닫기 위해 모든 종류의 도구와 방법들을 사용할 수 있지만, 하나의 의미가 세워지고 나면 그 의미가 그 주제와 관련한 다른 모든 주장들을 지배한다."

---

7. 나는 내가 쓴 다음의 책에서 이 부분을 자세하게 다루었다. *The Smell of Sawdust: What Evangelicals Can Learn from Their Fundamentalist Heritage* (Grand Rapids: Zondervan, 2000). [역주] 김동규, 김행민 옮김, 『톱밥 향기』, 2016, SFC.

십대 시절에 우리 집으로 배달되어 온 정기간행물 가운데 하나는 미국 남부의 복음 전도자 존 라이스John R. Rice가 편집한 *The Sword of the Lord*주님의 검이었다. 완곡하게 말해서 그것은 공격적이고—나중에 나는 몇몇 복음주의자들이 그에게 '성령의 나이프'라는 별명을 붙였다는 걸 알았다—눈에 거슬리는 형식이었다. 라이스는 진보주의자들과 타협했다며 자주 빌리 그래함을 공격했고, 더 커진 '신복음주의neo-evangelical' 운동을 배교자 부류로 간주하면서 적대감을 품고 있었다.

*The Sword of the Lord*에 수록된 한 컷 만화가 떠오른다. 그것은 법정의 한 장면을 담고 있었다. 높은 의자에 앉은 판사에게는 '하나님의 말씀'이라는 명칭이 붙어 있었다. 몇 명의 남자들이 증언대 위에 줄을 서 있었다. 나는 그 가운데 한 사람이 '진보주의자'이고, 다른 사람은 '신복음주의자'라는 것을 알았다. 그리고 내 생각에는 '로마 가톨릭교인'과 '신정통주의자'도 같은 줄에 서 있었다. 법원 행정 직원으로 보이는 다른 남자가 의자에 앉아 안내 방송을 하고 있었다. 그는 이렇게 말했다. "존경하는 재판장님, 이 사람들이 **당신을** 재판에 회부하고 싶어 합니다."

이 만화는 성경과 관련하여 이후에 벌어진 논쟁에서 드러난 걱정거리를—복음주의 세계에 속한 많은 학자들이 하나님 말씀의 권위를 문제 삼기로 계획하는 성경 비평가 대열에 참여하는 것을—보여 준다. 그 걱정은—적어도 나와 함께 일하는 신학자들을 향한—오해에 바탕을 둔 것이다. 새로운 비평 도구가 성경을 완전히 신뢰할 수 있는 하나님의 말씀으로 믿는 깊은 신앙심을 위해서 활용될 때, 그 결과들은 우리 삶을 향한 하나님의 뜻을 더욱 깊이 이해하도록 도와줄 것이다.

성경 무오 논쟁에 참여하는 사람들의 무기고에서 가장 유명한 것은 미끄러운 비탈길 논증—성경 연구를 위한 새로운 방법들이 핵심적인 복음주의의 가르침과 강조점들에 대한 우리의 확신을 약화시킨다는 생각—이 되었다. 나는 이 논증이 타당하다는 증거를 찾을 수 없다.

그 모든 것에도 불구하고, 나는 여전히 '무오inerrant'라는 단어를 좋아한다. 그것은 '무류infallible'라는 말로는 설명할 수 없는 것이다. 성경은 우리가 믿을 수 있는 **메시지**를 우리에게 실제로 준다. 분명히 성경은 우리의 지적인 동의를 요구하는 일련의 제안들 그 이상의 것이다. 성경은 우리에게 기도, 꿈, 환상, 명령, 노래, 불평, 변론, 비유, 그리고 연애편지 등을 주는데, '무류'는 우리가 삶의 자리에서 어떻게 성경에 기록된 이런 요소들에게 인도받아야 하는지를 설명하는 데 딱 맞는 적절한 단어가 아니다. 그러나 성경은 살아계신 하나님으로부터 온 메시지와 **다름**없고, 우리 삶의 모든 순간을 위해 우리가 붙잡아야만 하는 **진리**를 담고 있다. 성경이 우리에게 말해 주는 인류에 대한 하나님의 해결책에 대해 우리가 반응하는 방식은 언제나 중요한 문제다. 다시 말하지만, 나는 좋은 뉘앙스를 전부 다 담아서 여전히 이렇게 말하고 싶다. "만일 성경이 그렇게 말한다면, 나는 그것을 믿는다."

대학 4학년 시절, 나는 또한 제임스 패커James Packer의 *Fundamen-*

*talism and the Word of God*근본주의와 하나님의 말씀, 한국어판 제목은 『근본주의와 성경의 권위, 그리고 자유주의』—역주를 읽었는데, 그 책이 성경의 권위에 대한 내 생각의 방향을 설정해 주었다. 패커는 기독교인들이 다음의 세 가지 항목들, 곧 성경, 교회, 그리고 인간의 경험 가운데 하나를 선택해야 한다고 썼다. 이것들 중에 우리가 참조할 기본적이며 권위 있는 지점이 있다. 나는 그것이 성경이 되어야 한다는 패커의 주장에 동의했고, 그런 근본적인 확신이 결코 흔들리지 않았다. 그렇다. 나는 성경 학회에서 동료들과 이렇게 이야기 할 수 있다. "만일 성경이 그렇게 말한다면, 나는 그것을 믿는다." 그러나 다시 반복하자면, 진짜 문제는 성경이 '말하는' 것 가운데 실제로 성경이 **확실히 말하는** 것이 무엇인지를 점점 분명하게 하는 것이다.

5장
기억하기

어느 복음주의 대학이 주최해서 많은 학생들이 참여한 한 강연에서 빌리 그래함Billy Graham의 이름을 언급한 적이 있다. 나는 빌리 그래함에 대해서 설명할 필요를 느끼지 못한 채 강의 중간에 스치듯 그의 이름을 언급했다.

그날 강연이 끝나고 나눴던 대화에서 그 학교 교수 가운데 한 분이 내게 깜짝 놀랄 만한 이야기를 들려주었다. 그녀도 자신의 수업 시간에 나처럼 스치듯 빌리 그래함을 언급했다고 했다. 수업을 마친 후에 한 학생이 그녀에게 다가와서 빌리 그래함이 어떤 사람인지 물었다. 그녀는 그 다음 수업 시간에 학생들에게 빌리 그래함에 대해서 아는 것이 있는 학생은 손을 들어 달라고 요청했다. 그녀의 말에 따르면, 수업에 참석한 마흔 명의 학생 가운데 대략 여섯 명의 학생만 손을 들었다.

나는 충격을 받았다. 나는 그런 반응은 주립대학공립대학은 특정 종교

색을 띠지 않는다―역주 강의실에서나 일어나는 일이라 상상할 수 있었기 때문이다. 그런데 그 학교에서 그런 일이 벌어지다니! 재학생 전체를 대상으로 했던 그날 강의를 시작하기 전에 경배와 찬양 시간이 있었다. 약 십오 분 동안 수백 명의 참석자들이 손을 들고 주님을 열정적으로 찬양하면서 열렬하게 예수님을 경배했다. 강의 후에는 한 학생이 나를 찾아와서 여기저기 밑줄 그어진 성경책을 보여 주면서 몇몇 성경 구절의 의미를 물었다. 다른 학생은 내게 고등학생 시절 '구원받지 못한 주변 친구들에게' 복음을 전하려고 시도했던 자신의 노력을 이야기하기도 했다.

나는 이 학교가 복음주의 진영이라는 것을 의심하지 않았다. 그러나 대부분의 학생은 빌리 그래함에 대해서 거의 노는 선혀 몰랐다. 물론, 랍 벨Rob Bell이나 토니 캄폴로Tony Campolo는 알고 있을 것이다. 그러나 빌리 그래함은 모른다.

이 책의 앞부분에서 내가 복음주의자로 성장하던 시절의 성인들과 영웅들 몇 명의 목록을 열거했다(1장의 '살아남을 수 있을까?'부분을 보라). 스무 살짜리들은 그 목록을 읽지 않았을 것이 뻔하므로, 내가 아이티 마을에서 한 번 만났던 십 대들의 이름이나 대는 것이 낫겠다.

나는 그제야 감을 잡은 것이다. 돌이켜 보면 그 당시에 나는 빌리 그래함을 낯설어 하는 것을 보고 놀랄 필요가 없었다. 내 인생에서 그는 복음주의자들의 우상이었고, 나는 이 책을 쓰면서 그의 죽음을 슬퍼했다. 그러나 오늘날 스무 살 복음주의자에게 빌리 그래함은 그 젊은이의 일생에서 전혀 드러난 적이 없는—노스 캐롤라이나빌리 그래함의 묘지가 있는 지역—역주에 묻혀 있는—존재였다.

만일 내가 알고 있는 만큼 이 세대 사람들이 빌리 그래함에 대해 알게 된다면 그것은 엄청난 일이다. 내 친구 그랜트 와커Grant Wacker가 쓴 훌륭한 전기인 *America's Pastor: Billy Graham and the Shaping of a Nation*미국의 목사: 빌리 그래함과 국가의 형성을 읽는 것이 좋은 출발점이 될 수 있다. 그러나 빌리 그래함이나 다른 성인들 혹은 지난 시대의 영웅들이 핵심 문제는 아니다. 핵심은 과거와 연결되는 감각과 관련이 있다.

역사적 기반 쌓기

나는 30대에 이미 실리콘밸리에서 몇몇 회사를 창업하는 데 참여하고 성공해서 유명해진 젊은 남성과 대화할 기회가 있었다. 그는 나와 함께 교회의 역사에 관해서 이야기하기를 원했는데, 나는 그가 중세 기독교에 대해서 많은 것을 알고 있어서 깜짝 놀랐다. 그는 내게 "저는 12세기에 관한 책을 읽으면서 많은 시간을 보냈습니다"라고 했다.

나는 그에게 왜 그 시기를 선택했는지 물었고, 그는 대학생 시절에 중세 지성사 수업을 수강하면서 12세기의 몇몇 사람들과 사건들이 그의 관심을 끌었다고 대답했다. 그는 첨단 기술 산업에 적극적으로

뛰어들기 시작한 이후에 12세기에 관해 자세히 탐구하는 취미를 갖기로 결정했다. 그는 대화를 마치며 다음과 같은 아주 흥미로운 말을 남겼다. "실리콘 밸리에서 일하는 사람들은 매사에 빨리 움직입니다. 그래서 우리는 항상 겉만 대충 훑어봅니다. 저는 저 자신에게 어떤 **기반** 같은 것이 필요하다고 느꼈습니다. 그래서 저는 12세기를 선택했지요!"

기독교 고등교육을 다루는 강연과 글에서 내가 자주 사용하는 표현 중 하나는 릴리 장학재단Lilly Endowment의 전임 부총재이자 지금은 듀크대학 교수인 크레이그 다익스트라Craig Dykstra의 것이다. 기독교대학에서 온 교수들을 대상으로 진행한 강연에서 다익스트라는 학생들을 '사물의 실체를 깊이 이해하고 그 실체를 사랑하는—시간을 넘어서고 상황을 가로지르는—사람으로' 키울 필요가 있음을 강조했다.[1] 내 실리콘밸리 친구는 같은 내용을 구체적으로 세밀하게 실천하고 있었다.

이런 종류의 깨달음은 우리 복음주의자들의 운동에서 중요하다. 로버트 벨라Robert Bellah가 이끄는 사회학자들의 한 모임은 건강한 나라란 '기억의 공동체'여야 한다고—그리고 이 점은 다른 사회단체에도 똑같이 적용되어야 한다고—주장했다.[2]

---

1. Craig Dykstra, "Communities of Conviction and the Liberal Arts," *The Council of Societies for the Study of Religion Bulletin 19*, no. 3 (September 1990): 62.
2. Robert Bellah et al., *Habits of the Heart: Individualism and Commitment in American Life* (Los Angeles: University of California Press, 1985), 152-54.

우리 복음주의자들은 '시간을 넘어서고 상황을 가로질러' 복음에 신실하게 반응했던 신자들로부터 많은 것을 상속받았다. 우리가 그런 기억들을 배양하는 일에 실패할 때, 우리는 쉽게 '겉만 대충 훑어보기'에 사로잡힐 수 있다.

과거로부터 배우기

나는 역사의 교훈들이 종종 과대평가된다는 것을 알고 있다. 그러나 때로는 그 교훈들이 매우 실질적인 방식으로 우리에게 도움이 되기도 한다.

풀러 신학교에서 내 강의를 수강했던 한 학생은 그 수업이 자신의 신학교 과정 가운데 마지막 수업이라고 말했다. 나는 그에게 졸업 후에 무엇을 할 계획인지 물었고, 그는 자신의 아내와 함께 '교회 개척'을 계획하고 있다고 말했다. 그리고 재빨리 자신들이 어떤 교단에도 속하지 않을 것이라고 덧붙였다. 그는 말하기를, "우리는—우리 자신의—신앙만 가지고 훌쩍 떠날 겁니다"라고 했다.

그 어조가 상당히 단호했기에, 나는 그와 그의 아내가 왜 교단에 가입하지 않기로 선택했는지를 다그치듯 물었다. 그는 자신이 자라고 속해 있는 교단—어떤 교단의 이름을 밝혔다—을 섬기는 것을 목표로 신학교에 입학했는데, 그 교단이 회중 사역에 '너무 제한적으로' 접근한다는 것을 알게 되었다고 했다. 그리고 이렇게 덧붙였다. "제

아내와 저는 교회의 체제가 아니라 성령께서 인도해 주시기를 원합
니다."

우리는 한참 동안 이야기를 나누었고, 나는 그에게 이제 떠나려는
그 교단의 역사에 대해서 충분히 알고 있는지 물었다. 그는 그렇지 못
했다. 그래서 나는 내가 알고 있는 역사를 그에게 말해 주었다. 그 교
단은 18세기 초반 유럽에서 시작되었다. 그 당시만 해도 개신교회—
전에 가톨릭 성당으로 사용되던 곳에서 모였다—회중의 예배 시간은
상당히 전례적인 형식을 갖추고 있었고, 설교는 종종 교리의 특정한
부분을 길게 해설하는 것이었다. 많은 신자들은 회중 전체가 모이는
예배에 더해서 성경 공부와 기도 시간을 갖기 위해 개인 집에서 모이
는 보다 작은 규모의 기독교인 모임을 삿기로 결정했다. 결국 그들은
교회에서 드리는 형식을 갖춘 예배를 완전히 그만두고, 그들의 영적
성장을 위한 친교 모임에 전적으로 의존하게 되었다.

다음 세기에 북미 대륙으로 이주해 온 이 사람들은 얼마 동안 지속
해서 가정교회로 모였다. 그러나 그들은 또한 같은 마음을 가진 모임
들을 찾고자 노력했고, 지도자 훈련과 선교사들을 돕는 일에 협력했
다. 지역 모임들의 규모가 커지면서 그들은 교회 건물을 건축했다. 마
침내 그들의 연대는 다른 모임과 합쳐져서 오늘날과 같은 주요한 교
단으로 성장했다.

나는 나의 간략한 역사적 설명이 그 젊은 부부를 설득해서 교단에
대한 그들의 연대의식을 새롭게 할 것이라고 생각하지는 않았지만,
그들은 내 기본적인 의도를 정확히 이해했다. 그들이 시작하려는 새

로운 교회는 결국—아마도 몇 세대 아래로 내려가면—그들이 지금 떠나려는 교회와 유사하게 될 가능성이 크다.

나는 신학교 교육과 관련해서도 유사한 예를 제시할 수 있다. 내가 속한 네덜란드 개혁교회 전통에서는 목회자를 위한 교육이 현장교육에서 시작되었다. 네덜란드에서 칼빈주의 교회들이 세워질 무렵 목회자 후보생들은 자신이 속한 지역교회Local Church, 특정 지역의 회중들이 모이는 개교회나 교구교회—역주에서 경험이 더 많은 목사의 지도 아래에서 사역과 공부를 병행해야만 했다. 그러나 얼마 지나지 않아서 이런 교육의 책임은 성경의 원어에 보다 전문성이 있는 그 지역의 다른 목회자들에게 할당되어, 그들이 다른 교회에 속한 젊은 후보생을 돌보는 책임을 맡게 되었다. 이런 식으로 세분화된 교육과정이 곧 널리 퍼졌다. 마침내 이러한 사역의 분배는 전임교수가 그 업무들을 맡아 일하는 학교를 세우는 것으로 이어졌다.

나는 최근에 몇몇 대형교회 목사들이 목회자 후보생들을 사역의 현장에서 신학교 교정으로 떠나보내기보다는 지역교회의 맥락에서 '우리 자신의 것을 훈련하기'에 관해 말하는 것을 들었을 때, 이 역사를 머릿속에 떠올렸다. 나는 신학 훈련이 신학교를 운영하는 방식으로 발전하는 것이 불가피한 일이라고 확신하는 것은 아니다. 그러나 적어도 점차 세분화된 신학 훈련 프로그램을 필요로 하게 만든 요인들을 이 역사와 함께 이해하는 것이 중요하다. 물론, 우리 시대에는 이러한 역할의 새로운 배분이 사회관계망 서비스나 최신 정보기술에 의해서 잘 형성될 수 있다. 그러나 과거에 이 일이 어떻게 흘러왔는지 기억하기 때문에 나는 어떤 담임목사가 앞으로 그 교회를 목양할 지도자로 세워질 젊은 청년에게 다음과 같이 말하는 것을 들었을 때 조금 걱정스러웠다. "나는 사역자가 되어가는 과정에서 그가 알 필요가 있는 모든 것을 가르칠 수 있습니다."

조금 결이 다른 이야기지만, 종종 기존 신학교의 중요한 대안으로 세워졌던 북미 '성경 학교'의 역사를 또 다른 예로 살펴볼 수 있겠다. 지금까지 진행해 온 논의와 관련하여 좋은 사례는 고든 성경 학교Gordon Bible Institute인데, 그 학교는 '오늘날 우리 개신교 목회 사역'은 '과도한 배움 때문에 힘을 잃어 가고' 있다고 주장했던 A. J. 고든Gordon이 1889년에 설립한 곳이다. 고든은 "우리 시대에 학교 교육을 받지 않은 평신도 설교자들 가운데 많은 사람이 신학 교육 과정을 이수한 많은 성직자보다 얼마나 성경 말씀을 잘 다루는지 보았기 때문에 자주 화가 났습니다"라고 증언했다.[3]

고든이 거의 한 세기 동안 추구했던 형태의 학교는 '간결함, 실행력, 그리고 효율성'[4]—성경학교 운동의 역사에 관한 버지니아 브레레튼Virginia Brereton의 훌륭한 책이 묘사하는 표현에서 따온 것이다—을 특징으로 하는 '실제적인 훈련'을 제공했다. 이 모든 것은 복음주의자들의 운동 정신에 엄청난 영향을 미쳤다. 그리고 그 영향은 많은 선물

3. Ernest B. Gordon, *Adoniram Judson Gordon: A Biography, with Letters and Illustrative Extracts Drawn from Unpublished or Uncollected Sermons and Addresses* (New York: Revell, 1896), 171-72.
4. Virginia Brereton, *Training God's Army: The American Bible School, 1880-1940* (Bloomington: University of Indiana Press, 1990), 62.

을 주었다. 한 가지 예를 들자면, 성경 학교들은 안수 받지 않고 목회 사역을 담당했던 수천 명의 여성 지도자들을 배출했다.

우리에게는 여전히 몇몇 옛날 방식의 성경 학교들이 남아 있지만, 그들 가운데 많은 학교가—가장 두드러진 예가 A. J. 고든Gordon과 드와이트 무디Dewight L. Moody가 설립한 로스앤젤레스의 성경 학교BIOLA—다양한 학위 과정, 건실한 수업, 그리고 학문적 성과를 내는 공인된 신학교가 되었다.

다시 말하지만, 나는 여기서 반박 불가능한 주장을 옹호하려는 것이 아니다. 우리는 '실무 교육' 위주의 학교가 교회를 위한 지도자 교육에 크게 기여할 수 있는 현대의 문화적 상황들을 분명히 고려할 수 있다. 그러나 이것이 교회 지도자를 위한 단 하나의 유효한 교육 형태라고 주장하는 사람이 있다면, 그 사람은 최소한 성경 학교 운동의 역사라도 배워야 한다.

기억하기와 잊기

나는 우리 복음주의의 역사 가운데 몇 가지 특정한 부분을 기억하는 것이 좋다고 주장하는 것이 향수병에 걸릴 위험을 각오하는 것임을 알고 있다. 나는 그 위험을 스스로 인식하고 있고, 나는 또한 그 감정이 내 생각을 주도하기를 바라지 않는다. 여러 면에서 나는 꽤 불행한 복음주의자로서 내 인생을 살아왔다. 나에게는 우리가 돌아가야 한다고 요청할 만큼 만족스러운 과거의 날들이 없다. 복음주의자로 살아온 내 과거에는 분명하고 단호한 신앙을 가르쳐 주는 인상적인 역할을 한 사람들이 분명히 있다. 그러나 동시에 기독교인으로서 내가 행동하거나 생각하지 **말아야 할** 예시를 제공해 준 사람들도 많았다. 우리는 그렇게 나쁜 기억으로부터 많은 것들을 배운다.

신학자들이 모이는 어느 학회에서 우리는 과거의 고통을 다루는 영적 도전들에 관해서 의견을 나누고 있었다. 남아프리카공화국에서 온 흑인 신학자가 기독교의 소망이라는 위대한 감각을 가지고 미래를 향해 나아가기를 원하면서도 인종차별 시기의 공포 아래서 지냈던 삶을 기억하고 있는 자신의 고충에 관해서 이야기했다. 그는 선생님으로부터 '기억'에 대해 정의하라는 질문을 받은 한 아프리카 어린이 이야기를 소개했다. 그 아이는 선생님의 질문을 듣고 고민한 후에, "기억은 내가 잊을 수 있도록 도와줍니다"라고 대답했다. 그 신학자는 그 대답이 깊이 있고 풍부하다는 것을 깨달았다. 그는 말하기를, 건강한 기억을 갖는 것은 또한 우리가 쓰라린 정신에 사로잡히지 않기 위해서 잊어버릴 필요가 있음을 아는 것을 의미한다고 했다.

나는 복음주의에 의해 깊은 상처를 받은 많은 사람들을—그들 가운데 몇 명은 친한 친구들이다—알고 있다. 그들은 학대하는 지도자들, 문화적 편견들, 편협한 사고방식을 비롯해서 다양한 마음 아픈 기억을 가지고 살고 있다. 나도 그런 이야기들을 많이 가지고 있지만, 나는 결코 그것 때문에 심각한 상처를 입지는 않았다. 복음주의의 어두운 면을 개인적으로 경험하지 않았던 것은 결코 내가 잘해서가 아니다. 사실 그것은 고상하지 못한 몇 가지 요소들과 관련이 있을지도 모른다.

이와 관련해서 나는 종종 잘 알려진 역사학자 야로슬라프 펠리칸 Jaroslav Pelikan이 1990년 크리스채너티 투데이에 실린 마크 놀과의 인터뷰에서 남긴 말을 깊이 생각해 왔다. 놀은 이 유명한 루터교 학자에게—펠리칸은 나중에 정교회로 개종했다—루터교 학교인 발파라이소 대학Valparaiso University에서 가르치던 때와 나중에 예일 대학에서 교수로 일했던 때를 비교해 달라고 요청했다. 펠리칸은 교회에서 운영하는 학문 기관과 어울리는 사람이 아니었다. 그는 기독교 공동체를 가장 잘 섬기는 방법은 세속적인 대학에서 일하는 것이라고 말했다. 펠리칸은 설명하기를, 교회의 직원으로 섬길 때 "당신은 교회가 바라는 것이 아니라, 교회에 필요한 것을 주어야 합니다. 그런데 당신이 그렇게 하려면 교회에서 주는 급여를 반납해야만 합니다."라고 했다.[5]

처음 그 인터뷰 기사를 봤을 때 나는 그의 발언에 기분이 살짝 나빴다. 본능적으로 나는 펠리칸이 나 같은 사람을 공정하게 평가하지 않았다고 생각했다. 나는 지금까지 나의 학자로서의 경력을 복음주의자들이 주는 '급여'로 이어 왔다. 그리고 나는 복음주의자들의 운동이 원하는 것을 그저 제공하기보다는 그 운동에 필요한 부분을 채우

---

5. Mark A. Noll, "The Doctrine Doctor," interview with Jaroslav Pelikan, *Christianity Today 34,* no. 12 (September 10, 1990): 26.

기 위해서 노력했다.

그것은 나의 즉각적인—그러나 너무 경솔했던—반응이었다. 나는 내가 속한 공동체에서 맡겨 준 직책이 보장해 주는 특권과 함께 찾아오는 유혹을 반드시 인식해야 했다. 내가 최근에 만났던 중년의 여성 목사는 자신을 성장시켜 준 복음주의와 결별하고 싶어 했다. 그녀는 열세 살의 나이에 '진화론'을 공격하는 자신의 교회학교 선생님에게 도전했다가 따돌림을 당했고, 시간이 지나 발랄한 고등학교 졸업반 시절에는 교회 친구들에게 자신이 임직받은 목사가 되기 위해 공부하는 것을 고려해서는 안 되는 이유를 물어보았다가 모욕을 당했다. 이런 경험들 때문에 그녀는 복음주의와 이별할 수밖에 없었다. 그녀 자신이 경험한 거부감을 극복할 수 없었기 때문에 그녀는 다른 영적이고 지적인 길을 찾기 위해 조용히 복음주의자들의 운동을 떠났다. 그녀에게 '복음주의자'라는 바로 그 단어는 고통스러운 기억을 떠올리게 한다.

나는 그녀와 같은 사람들에게 내 생각을 전달하는 방식을 두고 신중할 필요가 있다. 내가 복음주의자로 자라면서 어떠한 나쁜 경험을 했더라도, 그들은 내가 복음주의자로서 '직장'을 유지하며 얻었던 보상보다 더 무거운 큰 짐을 지고 살아왔다. 한 진보적인 교회의 사역자가 나에게 "어떻게 당신 같은 사람이 복음주의자들의 진영에서 생존할 수 있었나요?"라고 물었다. 나는 내가 느꼈던 감정을 드러내면서도 정중하게 대답했다. "겨우, 생존이라고요? 나는 기본적으로 크고 영향력 있는 복음주의자들의 대학 총장으로서 내가 복음주의자가 된 것에 대한 보상을 받았습니다."

내가 그 답변—그것은 분명하고도 정확한 것이었다—을 생각하는 동안에 나는 나 자신의 동기를 비판적으로 성찰해야 하는 이유를 표현하고 싶었음을 깨달았다. 내가 그 여성 사역자의 아픔—내 삶에서 중요했던 복음주의자들에게 따돌림을 당한 경험—과 같은 몇 가지 상처를 가지고 있다고 가정해 보자. 그와 같은 대우를 당해도 내가 칭송하는 복음주의자들의 확신들을 계속 유지할 수 있을까? 솔직히 이와 같은 질문을 던지는 것은 나로 하여금 복음주의자들의 기본적인 확신들을 의심하게 만들지 못한다. 그러나 그런 확신들은 내가 복음주의자들의 운동에서 특별한 위치에 자리하고 있는 것과 관련이 있음을 인식하도록 도와준다.

"기억은 내가 잊을 수 있도록 도와줍니다." 한 아프리카 아이가 정의한 기억은 나에게 중요한 영적인 과제로 다가온다. 복음주의자들의 유산 가운데 내가 좋은 것이라고 여기는 것을 강조하느라 나는 나쁜 유산에 유의하는 것을 잊어버리고 있는 것은 아닌가? 나는 내가 속한 공동체로 말미암아 고통을 받아 왔던 사람들의 깊은 상처에 충분히 관심을 기울여 왔는가? 나에게는 그들 자신의 고통스러운 과거를 잊도록—그리고 더 나아가 그들이 자신의 영혼에 건강한 소식을 가져다주는 기억을 떠올리도록—돕고, 그들이 건강한 기억을 가질 수 있게 도와주는 치유의 단어들이 있는가?

복음주의에 관한 내 생각을 정리하는 이 책으로는 그 과제를 수행하는 데 완벽하게 성공하지 못할 수 있다. 그러나 나는 그 일을 지속해야 할 책임의 무게를 내가 감당해야 할 몫으로 받아들일 것이다. 복음주의를 변증하기 위한 어떤 논리로도 그 책무를 피할 수 없다.

그렇지만, 내가 이 책의 처음 부분에서 대조했던 것을 여기서 반복하는 것이 필요하겠다. 나는 우리가 모든 노력을 다해서 '복음주의자'라는 꼬리표에 매달려야 한다고 말하는 것이 아니다. 나는 과거의 복음주의를 규정해 왔던 좋은 것들을 반드시 지켜 내기를 바라는 것이다. 우리가—로버트 벨라Robert Bellah의 멋진 구절을 통해 다시 강조하자면—'기억의 공동체'가 되기 위해 끊임없이 노력하는 것이 중요하다.

6장
죄에 관하여 분명히 하기

1975년 가을, 나는 뉴욕 대학NYU 심리학과 교수인 폴 비츠Paul Vitz 로부터 뉴욕 시New York City 방문 계획이 있는지 묻는 편지를 받았다. 그는 내가 이전에 썼던 글을 읽고 나서 나와 함께 서로의 관심사를 두고 대화하고 싶어 했다. 우연히도 바로 그 해에 나는 칼빈 대학 Calvin College를 떠나 프리스턴 대학Princeton University 사회학과에서 박사 후 과정 연구원으로 가게 되었다. 프린스턴에서 뉴욕은 기차로 갈 수 있는 가까운 거리였기에 우리가 점심시간을 이용해 그린위치 Greenwich에서 만나기까지는 그렇게 오랜 시간이 걸리지 않았다.

비츠는 나와 대화하는 것이 어색하다는 말로 우리의 만남을 시작 했다. 그는 뉴욕 대학에서 정년을 보장받은 교수였는데, 최근에서야 거듭난 기독교인이 되었다. 그리고 최근에 자신이 발견한 신앙이 그의 지적인 활동에서 의미하는 바를 이제 막 알아 가기 시작했다. 나는 그가 맨 먼저 만나고 싶었던 기독교인 학자 가운데 한 명이었다.

우리는 엄청난 대화를 나누었다. 그가 창의적인 기독교인 학자의 길에 들어섰다는 것을 분명히 알 수 있었다. 우리의 대화가 끝날 무렵, 그는 꽤 주저하면서 자신이 쓴 논문의 초안을 내가 검토해 줄 수 있는지 물었다. 나는 프린스턴으로 돌아오는 기차에서 그 논문을 읽었는데, 자신의 전 존재를 하나님께 헌신하는 '자아 죽이기'라는 성경에 기반한 비츠의 관점이 이전에 그의 사고를 형성했던 다양한 '자아실현'의 관점(형태 치료, 샤르트르의 실존주의 등)과 어떤 면에서 뚜렷하게 대조되는지 보여 주는 그의 설명에 깊은 감명을 받았다. 나는 즉시 그랜드 래피즈Grand Rapids에 위치한 어드만 출판사Eerdmans Publishing Company에서 일하는 내 친구들에게 연락해서 그 논문을 단행본으로 출판하기 위해 그와 대화해 보라고 요청했다. 그리고 비츠의 *Psychology as Religion: The Cult of Self-worship*종교로서의 심리학: 자기숭배의 광신주의, 한국어판 제목은 『신이 된 심리학』이다—역주은 그로부터 2년 뒤에 출간되었다.

그의 책이 출간될 무렵, 나는 비츠가 칼빈 대학에서 강연할 수 있도록 주선했다. 그 강연에는 많은 심리학자, 심리치료사들, 그리고 네덜란드 개혁교회 공동체가 설립한 높은 수준의 심리치료 병원인 파인 레스트 기독병원Pine Rest Christian Hospital에서 온 사회복지사들을 포함한 상당한 규모의 청중이 참석했다.

비츠는 자아에 대한 자신의 관점들을 능숙하게 제시했다. 그는 인간으로서 우리 삶의 핵심은 우리가 가진 잠재력의 긍정적인 면을 발전시키는 것이 아니라고 주장했다. 우리는 하나님과의 관계에 순종하도록 부름을 받을 필요가 있는 죄인들이다. 그의 주장에 따르면, 이런 강조점들은 명백하게 상담과 치료를 통해 인간의 행복을 촉진하기 위한 방식으로서 의도되었다.

나는 청중 가운데 많은 사람들, 특히 정신 건강 서비스 영역에서 활발히 활동하는 사람들의 비판 때문에 약간 당황했다. 그들은 훌륭한 칼빈주의자였고, 그들 중에 어떤 사람도 비츠의 기본적인 신학 원리에 반대하는 것처럼 보이지 않았다. 그러나 그들은 자신들이 돌보는 개혁교회 공동체에 속한 환자들 가운데 대다수는 '자아실현'을 위한 추구에 몰두하지 않는다고 주장했다. 그 정신 건강 전문가들은 어린 시절부터 타락한 죄인에 대한 설교를 듣고 자랐고, 지금은 신적인 심판의 위협 아래 사는 그리스도인들에게 미치는 심리적 영향들을 살펴 왔다. 이 전문가들에게 그들의 환자들이 긍정적인 자아상을 회복하는 것을 돕기 위해 성경의 자료들을 사용하는 것은 건강한 인류의 번영을 향한 중요한 걸음이었다.

나는 이러한 과정을 통해 상황화contextualization를 배울 수 있었다. 폴 비츠Paul Vitz는 자아실현 문화를 비판하려는 자신의 의도를 제대로 표현했다. 그러나 칼빈주의 정신 건강 전문가들은 죄의식에 사로잡힌 자아를 가지고 사는 특정한 삶의 방식이 영적인 성장에 어떻게 부정적인 영향을 주는지에 관하여 중요한 통찰을 제기하고 있었다.

벌레들과 떠돌이들[1]

그렇다면 우리는 그것을 어떻게 바로잡을 수 있을까? 나는 이 부분에 관해서 명확한 답을 찾기를 바란다. 나는 문화적 요소들에 깊이 관여하면서도 지속해서 중요한 신학적 주제들에 초점을 맞추는 것 외에는 대안이 없음을 알고 있다. 더욱 엄격한 형태의 칼빈주의 전통에서 영향을 받고 자란 그랜드래피즈Grand Rapids 거주자들에게는 그린위치빌리지Greenwich Village의 커피 가게들을 오가던 사람들과 사뭇 다른 방식으로 그들의 영혼을 다루는 것이 필요했다.

나는 19세기 신학자 게할더스 보스Geerhardus Vos가 프린스턴 신학교 채플에서 신포했던 호소력 있는 설교를 통해 죄 문제에 관한 신학적 핵심을 분명하게 전달받았다. 그의 설교 주제는 '잃어버린 자를 찾아 구원하기'였고, 그가 제시한 성경 본문은 예수님의 가르침을 담은 "인자가 온 것은 잃어버린 자를 찾아 구원하려 함이니라"눅19:10였다. 보스는 우리가 '근본적인 복음의 논리 구조'를 이해하면서 '잃어버림'의 의미를 약화시키면 결과적으로 '구원'의 의미도 약화된다는 사실이 명백함을 발견했다.[2] 우리의 타락상을 축소하여 이해하면 필연

---

1. 이 단락은 출판사의 허락을 받아 다음의 글에서 가져왔다. Richard J. Mouw, "'Some Poor Sailor, Tempest Tossed': Nautical Rescue Themes in Evangelical Hymnody," in *Wonderful Words of Life: Hymns in American Protestant History and Theology*, ed. Richard J. Mouw and Mark A. Noll (Grand Rapids: Eerdmans, 2004), 242-44.

2. Geerhardus Vos, *Grace and Glory: Sermons Preached in the Chapel of Princeton*

적으로 구원자에 대한 이해도 축소된다.

　이 경고는 내게 호소력 있게 다가온다. 물론, '잃어버림'의 의미를 주님께서 구원 사역을 통해 우리에게 주신 풍성한 은혜를 보여 주도록 설명하는 것이 과제다. 그러나 긴 안목에서 볼 때 우리를 계속 죄인으로 여기는 방식은 우리로 하여금 주님께로 인도하려는 사람들의 삶의 정황에 주의를 기울이도록 요구한다.

　19세기에 이르러 진지하게 삶의 맥락을 살피게 됨으로써 인간의 죄악을 가혹하게 표현하는 것이 조금 약화되었다. 산드라 사이저 Sandra Sizer는 그녀가 19세기 복음주의 찬송가에 관해 쓴 대단히 매력적인 책에서 설득력 있는 방식으로 이 이야기를 전한다. 그 이전 세기에 찬송가는 종종 회개하지 않는 죄인들의 상태를 묘사하기 위해 강하게 비난하는 용어를 사용했다. 대표적인 예가 아이작 와츠Isaac Watts의 유명한 찬송가다. "이 벌레 같은 날 위해 큰 해 받으셨나?"찬송가 143장—역주 사이저는 이 찬송가 가사에 대해 말하기를, "'벌레'는 아주 대단히 비열한데, 왜냐하면 그는 자신의 의지를 발휘해서 모든 것의 통치자이신 하나님을 거역하려고 노력하기 때문입니다. 그 벌레는 하나님의 의로운 통치에 도전하는 건방진 **반란군**, 불경한 말을 하는 사람, 범죄자, 그리고 배교자입니다. 그리고 그런 벌레들은 반드시 저주받기에 합당합니다."라고 했다.[3]

Theological Seminary (Edinburgh: Banner of Truth Trust, 1994), 56.

3. Sandra S. Sizer, *Gospel Hymns and Social Religion: The Rhetoric of Nineteenth-Century Religion* (Philadelphia: Temple University Press, 1978), 27.

그러나 19세기 당시에는 구원을 다루는 노래가 증가하는 등의 중요한 변화가 나타났다. 이제 찬송가는 교만한 반역자로서 회심하지 않는 사람들을 주목하지 않고, 오히려 그 시대의 유명한 용어를 사용해서 '이 가난한 죄인들'에게 주목했다. 복음 전도는 '잃어버린 사람'—즉 힘도 없고, 안내자도 없이 옳은 길을 다시금 찾으려고 '집'에서 멀리 떠나 방황하는 남자나 여자—에게 다가가는 것을 의미했다. 많은 구원 찬송가들이 바다 이미지를 사용하여 사람들을 물에 빠진 것으로 묘사했다. 예를 들어 "생명줄을 던지어라" 또는 "낮은 등불을 불타게 하자"가 있다. "형제여, 네 미약한 등불 준비해라 / 어떤 불쌍한 뱃사람이 몸을 뒤척인다 / 항구에 도달하려고 어렵게 노력하다가 / 어둠에서 길을 잃겠구나"영어 가사 직역으로, 한국어 찬송가에서는 510장 3절이다—역주

이러한 이미지를 사용함으로써 지지를 받았던 복음 전도의 노력은 구원받지 못한 사람에 대한 깊은 동정심을 표현하는 것이었다. 그리고 이것은 힘든 환경에 사로잡힌 죄인들—특히 도시에 사는 사람들—의 곤란함을 새롭게 인식하는 것으로 점차 연결되었다.

전도자 찰스 크리텐덤Charles Crittendom이 흥미롭고 적절한 예시다. 그는 한동안은 뉴욕시의 성매매 여성들에게 단숨에 자신들의 악한 길에서 돌아서서 의의 길을 걷기 시작해야 한다고 설교했다. 그러나 그는 얼마 지나지 않아 자신의 외침이 소용없음을 깨닫고 당황했다. 그리고 그는 문제의 그 여성들이 합리적인 대안을 찾을 수 없는 삶의 방식에 붙잡혀 있음을 인식하게 되었다. 그렇다면, 이런 '타락한 여인

들'의 사회적 상황을 개선하기 위해서는 어떤 노력이 필요할까? 그들은 복음이 약속하는 것들을 요구하는 것으로는 자신들의 삶의 방향을 쉽게 바꿀 수 없었다. 그들은 영적으로 성장하고 새로운 직업을 얻기 위해 훈련하는 기간 동안 안전하게 머물 수 있는 장소가 필요했다.

물론, '불쌍한 길 잃은 죄인들'의 신학은 '벌레'로 묘사하는 것에 연결된 모든 것을 완전히 대체할 수는 없었다. 사이저Sizer는 죄와 반역, 그리고 용서의 필요성이라는 오랜 요소들이 구원 찬송 가사 가운데 여전히 존재하고 있었음을 알고 있었다. 그런데도, 그녀는 "이전의 법정 시나리오는 더 부드러워지고 상당히 흐려졌다"[4]라고 말한다. 이렇게 유연해진 데는 당연히 이유가 있었다. 도시 빈민 지역에서 사는 사람들의 삶의 형태는 종종 성경적 가치들과 공공연하게 충돌했다. 이러한 곳에서 사역하고 있던 복음주의자들은 도시 생활의 사악한 형태를 평가하면서 고려해야 했던 것, 곧 그 지역 사람들이 구조적이고 체계적인 요소들 가운데 갇혀 버린 것을 볼 수 있게 되었다. 지난 세대의 복음주의자들은 그럴 수 있음을 발견하지 못했다.

이 가운데 어떤 것도 죄악의 반역적 요소들을 최소화하려는 의도는 없었다. 예를 들어, 성매매와 알코올 중독은 여전히 하나님을 불쾌하게 하는 행동 유형으로 받아들여졌다. 그러나 도시에서 사역하던 복음주의자들은 많은 사람이 이렇게 나쁜 형태로 타락하지 **않기**가 사실상 불가능했던 사회적 상황들을 무시할 수 없었다. 그렇기에 죄를

---

4. Sizer, *Gospel Hymns and Social Religion*, 29.

짓는 많은 개인들을 그런 사회적 상황들에 **희생된** 사람들로 보는 시각이 필요했다. 결국, 술꾼이나 음란한 사람들은 모두 법적인 범죄자이면서 **동시에** 동정심을 받을 만한 사람으로 받아들여질 수 있었다.

나는 이러한 두 형태 중 하나를 선택할 필요가 없음을 알고 있다. 나는 여전히 사이저가 '법정 시나리오'라고 신중하게 불렀던 것을 유지할 것이다. "이제 그리스도 예수 안에 있는 자에게는 결코 정죄함이 없나니"롬8:1라고 말할 때 사도 바울은 우리가 예수 그리스도 안에 **없다면** 하나님의 심판대 앞에서 정죄받게 될 것을 분명하게 강조한다. 정죄받은 우리의 상태는 우리가 공모한 반역에 대한 벌금을 납부함으로써 하나님의 정의가 요구하는 것을 만족시키기 위해 예수님을, 완전한 신이시고 완전한 인간이신 분을 필요로 한다.

다정한 부르심

나는 내가 풀러 신학교에 교수로 합류하기 오래전부터 라디오 복음 전도자이면서 그 학교를 설립했던 찰스 풀러Charles E. Fuller를 존경해 왔다. 그가 진행하는 라디오 방송인 '추억의 부흥회Old Fashioned Revival Hour'를 듣는 것이 우리 가족의 주중 행사였다.

풀러가 법정 신학—정죄받은 죄인들은 유죄가 선포되었지만 여전히 하나님의 자비로운 용서를 공급받는 사람이라는 개념—을 고수했다는 데는 의심의 여지가 없다. 그러나 믿지 않는 사람들에 대한 그의 지배적인 접근 방식 가운데 하나는 관대함이었다. 매주 진행했던 방송이 끝나 갈 무렵, 그는 청취자들을 죄인들이라 부르며 그들의 신앙을 그리스도께 두라고 애원하는 목소리로 요청했다. "돌아오지 않겠습니까? 여러분은 길을 잃어버렸습니다. 제발 돌아오십시오." 그리고 합창단의 노래가 배경으로 깔렸다. "부드럽게 그리고 따뜻하게 예수님께서 부르시네, ……부르시네, '오! 죄인아, 집으로 오라.'"

　그런 요청들 가운데 '부드럽고 따뜻한' 주님의 목소리는 19세기 도시 복음 전도를 지배하고 있던 정서인, 사이저Sizer가 '동정심'이라 이름 붙인 것과 어우러진다. 게다가 나는 그것을 표현하는 방식에는 이견이 없다. 그러나 나는 19세기에 일어난 변화가 동정심보다 더 심각한 어떤 것과 관련이 있다고 생각한다. 그것은 신학 전통 가운데 수세기에 걸쳐 여러 번 일어났던 변화의 종류 가운데 하나다. 우리는 최근 수십 년간 매우 분명한 방식으로 그것에 초점을 맞추어 왔는데, 그것은 바로 복음의 **상황화**contextualization다.

　나는 앞으로 상황화에 대해서 더 자세하게 다룰 것이다. 오늘날 복음주의 진영에서는 우리 신학의 공식이 항상 특정한 문화적 맥락에 뿌리내리고 있다는 기본적인 인식이 대체로 잘 확립되어 있다. 그러나 복음주의자들에게 주어진 새로운 기회들에 관하여 논의하는 것은 너무 중요해서, 그 중요성을 무시해 버리는 것을 쉽게 받아들일 수 없다. 상황화는 **지구촌** 복음주의자들의 운동에 우리가 참여하는 것과 직접적으로 연결되기 때문에 특별히 중요하다. 그러나 죄에 물든 우리의 상태와 관련이 있는 신학적 주제들을 다루면서, 나는 기독교의 가르침을 현대에 대중화시킨 사람들의 이야기를 언급함으로써 우리 북미의 상황에 관심을 집중하고 싶다.

죄와 형상

노먼 빈센트 필Norman Vincent Peal의 *the Power of Positive Thinking*긍정적으로 생각하기의 힘, 한국어판은 『긍정적 사고방식』 등의 제목으로 번역되었다—역주은 북미에서 가장 많이 팔린 종교 서적 가운데 하나다. 그 책의 전성기는 20세기 중반이었지만, 그 책은 지금까지 약 오백만 권이 출판되어 여전히 잘 팔리고 있다. 그 책이 처음 출판되었을 무렵, 필의 교회는 현재 약 200만 부를 발행하는 *Guideposts*가이드포스트라는 잡지도 동시에 발행하고 있었다.

고인이 된 필 박사의 영향력에 대해서는 여전히 지속적으로 문제가 제기되고 있다. 텔레비전 설교자로 활동하다 죽은 로버트 슐러 Robert H. Schuller는 '긍정적으로 사고하는' 자신의 관점이 필의 '긍정적 사고'를 최신화한 것이라 생각했다. 조엘 오스틴Joel Osteen 그리고 번영신학의 옹호자들 역시 때때로 필 박사가 걸었던 전형적인 그 길을 따른 것으로 묘사된다.

나는 노먼 빈센트 필을 만난 적이 없다. 그러나그의 미망인, 룻 필 Ruth Peal은 잘 알고 있다. 이제 막 100세를 맞이한 그녀가 한 행사에 참석하기 위해 풀러 신학교에 왔을 때 나는 꽤 긴 시간 동안 그녀와 대화할 기회를 가졌다. 그녀의 방문이 끝나 갈 무렵 그녀는 내게 "노먼이 풀러 신학교를 알았더라면 좋았을 텐데요"라고 말했다. 그녀의 남편은 특히 '니버에게 끔찍한 평가를 받은'—그녀가 직접 쓴 표현이었다—이후에 신학자들에게 거부당하는 느낌을 받았는데, 그녀는 유니온 신학교의 신학자 라인홀드 니버Reinhold Niebuhr의 매우 유명한 발언인 "바울은 호소appealing하고 있지만, 그러나 필은 형편없습니다 appalling"를 언급한 것이다.

그러고 나서 필 여사는 흥미로운 생각을 전했다. "노먼은 진짜 복음주의자였어요! 그는 자기가 하는 일이 '예비 복음 전도pre-evangelism'였다고 말하기를 좋아했고, 자신에게 영향을 받아 영적인 관심에 눈을 뜬 사람들이 빌리 그래함의 복음 설교를 듣고 그리스도를 영접하기를 소망한다고 말하기를 좋아했어요."

나는 여러 차례 그녀의 말을 되새겨 보았다. 나는 그녀가 남편의 속마음을 묘사했던 부분에 어느 정도 공감할 수 있었다. 그리고 그 공감은 로버트 슐러Robert Schuller의 사역에 대해 네덜란드 출신의 위대한 신학자와 나누었던 보다 직접적인 신학적 대화를 통해 강화되었는데, 그는 레이덴 대학University of Leiden에서 수십 년간 가르쳤던 핸드릭스 벌콥Hendrikus Berkhof이다.[5]

---

5. 이어지는 로버트 슐러와의 대화 중 일부는 출판사의 허락을 받아 다음의 책에서 인용했다. Richard J. Mouw, "Talking Calvinism with Robert H. Schuller," *First Things*, June 2, 2015, https:// www.firstthings.com/ web-exclusives/ 2015/ 05/ talking-calvinism-with-robert-h-schuller.

벌콥은 나의 신학적 영웅들 가운데 한 사람이다. 나는 청년 시절에 그의 강의를 들었다. 그리고 그의 저서 가운데 많은 책들을 매우 흥미롭게 읽었다. 그런데도 1990년 어느 봄날 오후에 그가 풀러 신학교에 방문하기 전까지 그를 개인적으로 한 번도 만난 적이 없었다. 그는 내 사무실에 전화를 걸어 자신이 지금 남캘리포니아에 있는데 풀러를 방문하고 싶다고 말했다. 나는 그가 학교를 둘러볼 수 있도록 준비시켰고, 마침내 어느 점심시간에 그를 만났다.

나는 그에게 가장 먼저 미국 서부 해안까지 무슨 일로 왔는지 물었다. 그는 이렇게 대답했다. "나는 로버트 슐러와 신학적인 대화를 하면서 3일을 지냈어요." 그는 네덜란드에서 출발해서 평범한 신학적인 의문들을 해결하기 위해 조금 연장된 시간까지 필요했던 그의 여행 경비를 슐러가 모두 지불했다고 설명했다. 캐나다 출신 학자인 클락 피녹Clark Pinnock 역시 그 대화에 참여했다.

나는 호기심이 동했다. 나는 슐러와 개인적으로 아는 사이다. 그리고 몇 번 함께 신학적 논쟁에 참여했던 경험이 있었지만, 벌콥이 참여했던 그런 종류의 긴 대화는 아니었다. 나는 유능한 네덜란드 개혁교회 신학자가 매주 '능력의 시간Hour of Power'이라는 방송에서 '긍정적으로 사고하기'라는 설교로 유명해진 텔레비전 설교자와 무슨 이야기를 나누었는지 알고 싶었다.

슐러는 개혁신학을 혼자 훈련했다. 그와 내가 만났을 때, 그는 자기가 존 칼빈의 『기독교 강요』에 관한 신학교 논문을 마쳤던 경험을 자주 반복해서 설명했다. 하지만 슐러는 자신이 자존감의 중요성을 보다 강조하기 위해 의도적으로 그의 설교에서 자신이 죄와 범죄를 언급하지 않는다고 말하고 싶어 했다.

개인적인 심정을 최대한 억제하면서 나는 벌콥에게 그가 슐러의 사역에서 어떤 인상을 받았는지 물었다. 그런데 그의 대답은 놀라웠다. 벌콥은 슐러가 좋은 의문을 가졌다고 말했다. 또 벌콥은 기독교가 가진 소망의 메시지를 사람들의 삶의 자리로 가져가는 길을 찾기 위해 노력한 슐러의 진정성에 감명받았다. 벌콥에 따르면, 슐러는 자신이 초대한 두 명의 신학자가 자신의 설교와 글을 평가해 주기를 바랐던 것이 분명했다.

"그래서 당신은 그에게 뭐라고 말씀하셨나요?" 내가 벌콥에게 물었다. 이 네덜란드 아저씨는 웃으며 대답했다. "나는 마지막으로 그에게 말했습니다. '슐러, 당신의 신학은 마치 달에 가는 우주선의 첫 번째 추진로켓의 단계처럼 보입니다. 그것은 우주선을 공중에 도달하게 합니다. 그러나 그 비행이 성공하려면, 재빠르게 다음 단계로 넘어가야 합니다.'"

벌콥의 대답은 슐러의 사역이 담고 있는 전체적인 신학적 특성을 제대로 평가할 수 있도록 도와주었다. 그리고 나는 슐러의 신학적 '로켓'이 때때로 '우주선을 공중에 도달하게' 했다는 몇몇 증거를 가지고 있었다. 내가 처음 교수로 풀러 신학교에 도착했던 1980년대 중반, 나는 강의 중에 슐러의 '긍정적으로 생각하기'에 대해서 신랄하게 비판했다. 강의 후에 남미에서 온 두 남학생이 강단으로 다가왔다. 그리고 그들은 나에게 수정교회Crystal Cathedral, 풀러가 설립한 교회—역주의 사역에 대해서 경솔하게 말하지 말아 달라고 요청했다. 그리고 그들은 이렇게 덧붙였다. "우리들은 텔레비전에서 방영되는 그 예배에 빠져들었습니다. 만일 주님께서 로버트 슐러 목사님을 사용하시는 방식을 우리가 일상에서 발견하지 못했다면, 우리는 하나님 나라에 봉사하기 위해 풀러 신학교까지 공부하러 오지 않았을 겁니다."

치유를 갈구하는 문화에서 자리 잡기

벌콥과의 만남 이후에 슐러와도 이야기를 나누었다. 나는 그에게 그가 개혁신학의 원리들 가운데 상황화의 측면에서 은사를 받았다고 말해 주었다. 그는 '상황화'라는 용어에 친숙하지 못했는지, 나에게 그것을 설명해 달라고 요청했다. 나는 그에게 기독교의 가르침을 상황화하는 것은 특정한 문화적 맥락을 신중하게 고려하는 것을 의미한다고 말했다. 만일 내가 아프리카 나라들에서 정령신앙을 가진 마을에 선교사로 가게 된다면, 나는 정령신앙을 공부하고 그 마을에 성경의 가르침을 전달하는 방법, 다시 말해 내가 예수 그리스도를 믿는 믿음 가운데로 초대하는 것을 정령숭배자들이 좋은 소식으로 받아들일 수 있게 만드는 방법을 고려해서 선교사역을 준비하는 것이 중요할 것이라고 말했다.

"로버트 슐러, 당신은 남캘리포니아의 인기 있는 치유 문화에 꼭 맞게 그 일을 이루었습니다. 당신은 맥락을 연구해서 그 상황에 맞게 말하는 방법을 발견했습니다." 그는 함박웃음을 지었다. "맞아요, 당신이 나를 알아봤군요." 그가 말했다. 그러나 그가 죄와 은혜에 대한 칼빈주의의 이해를 계속해서 최선을 다해 적절하게 상황화했는가에 대해서는 몇 가지 의문을 가지고 있다는 말을 이어갈 때, 그의 웃음은 사라졌다.

상황에 대한 슐러의 접근 방식을 평가하는 데 벌콥 교수가 사용한 로켓 이미지를 대입해 보면, 슐러의 텔레비전 프로그램이 '능력의 시간the Hour of Power'이라고 불린 것과 필의 책 제목이 '긍정적으로 생각하기의 힘'으로 공개된 것은 제법 적절해 보인다. 의도했던 목적지에 도달하기 위해서는 그것을 이어받을 다른 무언가가 필요하겠지만, 벌콥이 관찰한 것처럼 하나의 여정을 시작하게 만드는 초기의 폭발적 에너지는 중요하다.

나는 필과 슐러로 말미암아 출발한 그런 종류의 '로켓들'은 보다 넓은 하나님 나라의 사역에서 특별한 역할을 수행할 수 있다는 확신을 가지고 살고 있다.

건강과 부

이제는 다른 주제로 넘어가는 것이 현명할 것 같다. 나의 많은 복음주의자 친구들—특히 나의 동료 학자들—은 필과 슐러의 신학에 대한 나의 온건한 지지에 동의하지 않을 것이다. 그러나 그들은—특히 그들이 내 친구들이라면!—나의 지지가 악의가 없다는 것을 잘 이해할 것이다. 나는 '긍정적 사고'와 '긍정적으로 생각하기'를 이해하는 내 방식을 너무 많은 사람에게 강요하고 싶지는 않다. 게다가 필과 슐러는 더 이상 우리와 함께 있지 않다.

그러나 나는 앞 단락에 작성한 것을 읽은 독자들의 마음에 대부분 떠오를 법한 의문을 부인할 수 없는데, 다음과 같은 질문들이다. 번영복음은 어떤가? 그것에 대해 말할 때는 또 온당한 표현을 사용하고 있는가? 내가 온당하게 표현하고 있는지는 모르지만, 그 주제에 관하여 오직 나쁜 표현들만 내뱉는 것을 조금은 주저하게 된다. 그래서 나는 여기서 나의 주저함을 설명해 보려고 한다. 나는 이 주제에 대한 니의 기본적인 의견을 1994년에 쓴 책 *Consulting the Faithful: What Christian Intellectuals Can Learn from popular Religion*신앙인 상담: 기독교 지성이 인기 있는 종교로부터 배울 수 있는 것에서 밝혔다. 나는 여기서 몇 가지 핵심적인 내용만 강조해서 제시하겠다.

나는 신학적인 관점에서 대중적인 종교를 평가하기 위한 방식을 고려하면서, 풀러 신학교에서 가르치기 전에 인도 선교사로 사역했고 이후에는 트리니티 복음주의 신학교Trinity Evangelical Divinity School에서 가르쳤던 폴 히버트Paul Hiebert의 *the Flaw of the Excluded Middle*배제된 중간 계층의 결함이라는 정교한 논문을 전적으로 신뢰한다.

히버트는 인간의 상태에 관한 두 개의 관점이 잘 어우러진 인도에서 자신의 과제를 수행했다고 전한다. 그 관점 가운데 한 가지는 그의 '고상한' 복음주의 신학인데, 그것은 우리 인간 존재와 하나님의 창조와 구원 목적에 관한 성경적 이해에 뿌리박은 것이다. 다른 하나의 관점은—히버트는 인류학자로서 훈련해 왔다—경험적 실재의 특성을 과학적으로 이해하는 것이다.

히버트는 선교사역 가운데 시골 마을에서 이러한 통찰을 사람들에게 알려주기 위해 할 수 있는 최선의 노력을 다했다. 교육 프로그램의 시행이 잘 이루어진 만큼 복음화에도 성과들이 나타났다. 그런데 그는 자신과 동료 선교사들이 다루지 못했던 '중간 범위'의 걱정들을 인식하기 시작했다. 이 상황은 다음과 같은 종류의 의문들과 관련이 있었다. 어떻게 나 자신을 부상으로부터 보호할 수 있을까? 내 아이가 의료진도 정확한 진단을 할 수 없는 불치병을 가지고 있다면 나는 어떻게 대응해야 하는가? 사람들이 나를 해치려 할 때, 나는 그들에게 어떻게 반응해야 하는가? 나의 재정적 기반이 충분하지 못할 때, 나는 누구에게 도움을 청해야 하는가?

히버트는 선교지의 기독교인들이 이와 같은 매우 실제적인 상황을 마주할 때는 비기독교인 이웃들이 도움을 요청하는 곳과 똑같은 장소로 향한다고 말한다. "이런 문제들이 자신들의 일상에 널리 퍼진 문제들이기 때문에 자신들에게 명확하고 분명한 대답을 주는"[6] 사람인 무당과 점쟁이를 찾아가는 것이다.

히버트는 이런 '배제된 중간 범위'의 걱정들을 다룰 적합한 신학적 틀을 간과했다고 결론지었다. 그는 우리 선교사들이 '신적인 지침, 공

---

6. Paul G. Hiebert, "The Flaw of the Excluded Middle," *Missiology 10* (1982): 45.

급과 치료, 선조들, 정령들과 이 세상의 보이지 않는 권세들, 그리고 고통, 불행과 죽음'의 실제적 측면들을 규정해 주는 '총체적 신학'을 개발하는 데 실패했다고 주장했다.[7]

'중간 범위' 문제

히버트가 지적하고 있는 주제들은 중요한 것이고, 번영복음 설교자들은 그것들을 직접적으로 다루고 있다. 위기 상황을 마주한 인도의 회심자들에게 하는 무당과 점쟁이의 역할을 북미만큼이나 세계에서 다수를 차지하는—아시아, 아프리카, 남미에 이르는—지역에서는 번영복음 설교자들이 담당해 왔다. 우리 복음주의자들이 이룩한 신학의 학풍이 번영의 설교가 전하는 메시지의 핵심이 되는 '중간 범위'를 명확하게 규정하는 데 실패했음을 인정하지 않고 그저 그들을 비판하기만 하는 것은 충분하지 않다.

나는 여전히 *Consulting the Faithful*신앙인 상담에서 제안했던 것과 같은 생각이다. 우리는 최대한 심각하게 이 중간 범위의 문제를 다룰 '실천적 지혜'—나는 여기서 '프로네시스phronesis'라는 그리스어를 사용했다—에 대한 신학을 개발하기 위해 더 열심히 일할 필요가 있다. 나는 이것을 실행하는 것은 "다양한 종류, 예를 들어, 신학적, 목

---

7. Hiebert, "Flaw of the Excluded Middle," 46.

회적, 윤리적, 영적, 그리고 사회과학적 감각들과 통찰들을 통합하는 전략을 요구한다"라고 말하겠다.[8] 이런 전략을 추진하는 방법을 제안하면서 나는 '치유에 대한 갈구the Therapeutic'와 기독교를 적절하게 연결하는 것이 중요함을 강하게 확신한다. 나는 기독교인들을 슬픔, 깨어진 관계들, 가족 제도, 재정적 두려움, 그리고 신체적 고통에 따른 위기들을 다룰 수 있도록 준비시키는 종류의 상담이 우리에게 필요하다고 생각한다.

내 제안을 정리해 보면 이렇다. 나는 번영 설교자들이 이런 사안들을 직접적으로 다루기 때문에 그들에게 '저평가를 칭찬합니다' 딱지를 붙여 주고 싶다. 그러나 또한 그들이 '성경적 진리를 담은 고상한 신학적 설명'의 견고한 기본 지식이 없는 가르침을 선포함을 비난하기도 했다.[9]

'단번에 주어졌다'

물론, 오늘날 가장 큰 문제는 우리가 성경적 진리의 고상한 선언으로 받아들인 것들 중 많은 것들이 문화의 영향을 받았다는 것이다. 내 전임 총장이었던 데이빗 허바드David Hubbard와 나누었던 많은 대화

---

8. Richard J. Mouw, *Consulting the Faithful: What Christian Intellectuals Can Learn from Popular Religion* (Grand Rapids: Eerdmans, 1994), 54.
9. Mouw, *Consulting the Faithful*, 55-56.

들 가운데, 한 번은 그가 "성도에게 단번에 주어진 그 믿음을 위하여 힘써 경쟁해야 한다"유다서1:3, KJV 직역는 성경의 명령을 간단하지만 훌륭하게 해설해 주었다. 우리 두 사람은 각자가 참여했던 복음주의 훈련에서 가끔 킹 제임스 번역의 성경구절이 인용되는 것을 들었다. 허바드는 말하기를, 자기가 여전히 그 번역을 인용하기를 좋아하지만 최근에는 몇 가지 마음에 걸리는 것이 있다고 했다.

그는 '그 믿음'을 위해 경쟁한다는 관념을 우리를 향한 하나님의 뜻을 단순한 공식 한두 가지로 축소할 수 있음을 강조하는 데 주로 사용해 왔음을 발견했다. 그리고 그는 '단번에 주어진'이라는 성경 구절이 성령님께서 우리에게 그 말씀을 주시기 위해 다른 많은 사람의 목소리를 사용하셨던 중요한 방식을 무시할 수 있음을 발견했다. 여기서 허바드는 히브리서 1장 1절을 인용했다(그는 다시금 킹 제임스 번역을 사용했다). 주께서 "옛적에 선지자들을 통하여 여러 부분과 여러 모양으로 우리 조상들에게 말씀하신 하나님이"히1:1, 개역개정 그러면서 그는 우리 현대인들이 '성도들'을 생각할 때, 우리는 신자들의 다채로운 지구촌 공동체를 마음속에 떠올릴 필요가 있다고 덧붙였다.

허바드는 유다의 명령에 담긴 확신을 '제2의 소박성'의 형식으로 제시하고 있었다. 그가 가리키는 부분은 하나하나가 엄청나게 중요하다. 그리고 번영 설교자들은 우리가 제삼자의 입장이었다면 지나쳤을 문제에까지 관심을 기울이도록 이끌었다. 그들은 서구적인 신학의 영향 아래 있는 우리 중 많은 사람이 잡으려다 놓친 지점에서 지구촌 남반부에서 살아가고 있는 '성도들'의 마음을 어루만지는 데 성공했다.

7장

우리의 깊은 갈망들

신학자 고스케 고야마Kosuke Koyama는 젊은 선교사로서 일본과 미국에서 신학 교육을 받은 후에 자신이 속한 일본인 교회로부터 태국 북부지역으로 파송되었다.[1] 그곳에 도착했을 때, 그는 상당한 문화 충격을 경험했다. 이전까지 그는 많은 시간을 도시에서 살았다. 하지만 이제 그는 아무리 젖은 채로 생활하지 않으려고 노력해도 계절성 호우가 쏟아지는 기간에는 많은 날을 물소 옆, 얕은 물속에 서서 살아가는 사람들 사이에 있는 자신을 발견한다.

고야마는 자신의 책 *Waterbuffalo Theology*물소 신학에서 자신이 논두렁에 서 있는 물소 옆에서 성경을 읽는 시간을 갖게 된 이유를

---

1. 고스케 고야마에 관해 논의한 부분은 허락을 받고 다음 책에서 인용했다. Richard J. Mouw, "Elected for a Global Mission," in *Reformed Mission in an Age of World Christianity*, ed. Shirley J. Roels (Grand Rapids: Calvin College Press, 2011), 17-18, 22-23.

설명한다. 그가 물소 옆에서 성경을 읽을 때, 이전에는 전혀 생각하지 못했던 성경 구절과 이미지들이 그의 머릿속에 그려졌다. 그는 성경에 물에 관한 말씀이 많다는 것을 발견했다. 하나님께서는 많은 비와 홍수들 밖에서 다스리신다. 다시 말해, 하나님께서는 마른 곳에 머무르신다! 태국 북부 사람들에게 복음을 증언하는 일에서는 이런 주제들이 중요한 부분을 차지했다.[2]

내가 볼 때, 고야마는 자신이 배운 것을 반영하기 위해서 흥미로운 이미지를 사용한다. 그에 따르면, 선교사들은 '그리스도께서 구원하신 현실'과 복음이 전달되어야 하는 이웃의 삶이라는 '또 다른 내 현실' 사이에 끼여 있음을 반드시 알고 있어야 한다. 그는 이 인식이 다음과 같은 두 종류의 주해 혹은 해석 방식에 참여하도록 요청한다고 주장한다. 그것은 "하나님의 말씀을 주해하는 것과 [선교사들이] 함께 살며 일하는 사람들의 삶과 문화를 해석하는" 것이다. 이런 두 가지 방법의 주해는—이러한 두 개의 해석 과정은—선교사들이 처한 문화적 상황에서 '하나님 말씀에 대한 이해와 판단'에 의문을 품는 것을 허용한다.[3]

'사이에 낀sandwiched between' 이미지는 교회의 전반적인 사명을 이해하는 데 도움이 된다. 우리는 항상 특정한 문화에 속해 있는 동시에 기독교인으로서 우리가 속한 문화적 배경 너머에서 하나님께

---

2. Kosuke Koyama, *Waterbuffalo Theology* (Maryknoll, NY: Orbis, 1974), vii-viii, 32-40.
3. Koyama, *Waterbuffalo Theology*, 91.

서 계시하신 말씀을 살펴볼 필요가 있다. 그리고 우리가 하나님의 인도하심을 바라며 그분의 말씀에 주목할 때, 그 말씀을 읽으며 우리가 갖는 의문과 염려, 그리고 우리가 그 말씀을 듣는 방식 두 가지 모두에게 영향을 미치는 문화적 맥락 속에 우리가 있음을 인식하면서 해석적으로 들여다보고 주해해야 한다. 그리고 우리가 기독교 공동체의 일원이라는 것을 고려하는 것이, 복음은 반드시 하나님의 말씀에 담긴 복잡하고 다면적인 신적 진리의 창고에서 벗어나 다양한 인간의 문화적 맥락에 전해져야 한다는 것을 기억하는 데 도움이 된다.

이렇게 강조하는 것은 결코 성경적 전통에 대한 확신을 훼손하지 않는다. 오히려 그것은 우리의 설교와 신학 연구가 필연적으로 상황화되었다고 의식하는 것이 필요하다고 우리에게 분명히 알려준다. 우리 중 누구도 우리의 문화적 맥락이 만들어 내는 영향력을 피해 성경의 가르침을 이해할 수는 없다.

성경의 메시지가 다면적이라고 인식하는 것은 다문화주의의 상대주의적인 부분을 경계하는 데 도움을 준다. 하나님의 말씀은 다양한 문화적 맥락에 권위 있게 말씀하시지만, 그 말씀이 여러 맥락들 가운데 어떤 한 맥락에 국한되었다고 이해해서는 안 된다.[4]

따라서 우리 복음주의자들이 최근 수십 년 동안 이런 종류의 주의

---

4. 문화적 맥락에 대한 이어지는 논의는 출판사의 허락을 받아 다음의 책에서 인용했다. Richard J. Mouw, "Evangelicals and the Global Church," in *Worship, Tradition, and Engagement: Essays in Honor of Timothy George*, ed. David S. Dockery, James Earl Massey, and Robert Smith Jr. (Eugene, OR: Wipf and Stock, 2018), 353.

를 기울여서 지금까지 배운 것은—혹은 적어도 우리가 배워야만 하는 것은—모든 신학이 상황화되었다는 것이다. 농장 노예, 도시의 가정주부, 러시아 농민, 논에서 일하는 노동자, 부족장—이들은 상황화된 체계, 의문, 그리고 근심의 관점에서 각각 복음을 받아들인다. 이 사실을 인식하는 것은 기독교 복음의 풍부함과 보편성을 인정하는 새로운 기회를 제공한다.

그러나 우리 가운데 몇 사람은 이렇게 상황화를 강조하는 것을 비판하는 말을 들었다. 우리는 복음을 이해하는 다른 관점들에 대해 종종 닫혀 있었다. 우리는 누적된 문화적 덫에 둘러싸인 기독교 신앙에 대한 우리의 이해를 너무 빨리 절대화해 버렸다. 이 부분은 우리 가운데 특히 서구 사회의 백인들에게 불행한 일이다. 왜냐하면, 우리는 지구상에서 부유하고 힘 있는 그룹 가운데 하나에 속해 있기 때문이다. 우리는 세계에서 유통되고 있는 상품들 가운데 상대적으로 엄청난 양을 소비하고 있다. 우리 중 대다수는 세계의 다른 지역에서는 생각할 수 없는 수준에서 자신의 운명을 조정할 수 있는 힘을 갖고 있다. 불행히도 이 특권적인 지위는 우리가 복음을 받아들이고 이해하는 방식에 영향을 미친다. 우리는 종종 성경의 가르침 가운데 중요한 요소들을 걸러냈다. 우리는 종종 복음을 뒤틀어서 우리가 편안하게 살수 있는 가르침으로 바꾸었다.

상황화에 대해 이야기하면서 나는 기본적으로 북미에 초점을 맞추었다. 내가 제일 잘 아는 문화적 상황이므로 가장 많은 고려 대상이되었다. 그리고 이것이 이 책에서 규정하려는 상황이다. 그러나 현시대에 북미에서 사는 삶에 대한 이러한 고민을 안내해 주는 보다 일반적인 신학적 관점에 대해서도 간단하게 설명할 필요가 있겠다.

'소망과 두려움'[5]

　성 아우구스티누스St. Augustinus의 『고백록Confessiones』 시작 부분에는 다음과 같은 기도문이 적혀 있다. 자주 인용되는 구절이다. "주님께서는 주님 자신을 위해 우리를 만드셨습니다. 그리고 우리의 마음은 주님 안에서 안식을 찾을 때까지 흔들립니다."[6] 아우구스티누스는 우리 삶의 다양한 필요와 갈망을 만족시키기 위한 우리의 노력이 살아계신 하나님과의 관계 안에서만 발견할 수 있는 보다 깊은 영적인 필요들을 주도한다는 자신의 확신을 여기서 표현하고 있다.

　또한 루이스C. S. Lewis도 가상의 친구 말콤Malcolm에게 보낸 편지 가운데 한 대목에서 그만의 특색 있는 매력적인 태도로 이러한 관점을 설명한다. 루이스는 에든버러에서 두 사람 사이에서 일어났던 꽤

---

5. 이 단락의 일부는 출판사의 허락을 받아 다음의 논문에서 인용했다. Richard J. Mouw, "Surprised by Calvin," *First Things*, March 2009, https:// www.firstthings.com/ article/ 2009/ 03/ 002-surprised-by-calvin.

6. Saint Augustine, Confessions and Enchiridion, trans. Albert C. Outler (GrandRapids: Christian Classics Ethereal Library, 2006), 2013. 이 자료는 다음 웹 페이지를 통해 온라인에서도 열람할 수 있다. http://www.ccel.org/ccel/augustine/ confessions.iv.html.

나 심각했던—루이스는 그 만남에서 "우리는 거의 주먹다짐을 할 뻔했어요"라고 한다—논쟁을 언급한다.[7] 그들의 열띤 토론은 우리가 일반적으로 경험하는 기쁨과 우리가 천국에서 경험하게 될 다양한 영광의 연관성에 대한 것이었다. 루이스의 주장에 따르면 그때 이후로 두 사람은 좀 진정되기는 했지만 그들의 기본적인 견해차는 좁아지지 않았다. 루이스는 춤을 추거나 놀이를 함으로써 우리가 얻는 일상적인 기쁨이 내세에서 우리를 기다리는 종류의 기쁨을 기대하게 만든다고 주장하려 했던 반면에, 말콤은 그런 사소한 것들과 우리가 천국에서 실제로 경험하게 될 영광을 비교하는 것은 터무니없는 일이라 생각했다.

루이스는 자신의 입장을 완강하게 유지했다. 그는 말하기를, 말콤이 이해하지 못한 것은 지극히 사소한 종류의 기쁨마저도 '한 줄기의 [미래의] 영광'으로 기능할 수 있다는 사실이다. 루이스는 우리가 현재의 삶에 몰두하고 있기 때문에 천상의 문제들에 직접 초점 맞추기를 힘들어 한다고 말한다. 만일 우리가 천국에서 경험하게 될 삶에 대한 힌트를 얻고자 한다면, 우리의 유일하고 실제적인 기회는 '우리를 위해 지금 그리고 여기 있는 사소한 활동에서' 영원의 한 부분을 붙잡는 것이다.[8]

이 주제에 관한 루이스의 대략적인 생각은 앤드류 그릴리Andrew

---

7. C. S. Lewis, *Letters to Malcolm: Chiefly on Prayer* (New York: Harcourt, 1964), 92.
8. Lewis, *Letters to Malcolm*, 89.

Greeley 신부가 자신의 저서 출판 기념 행사에서 상세하게 설명했던 '가톨릭의 상상력the Catholic imagination'이라 이름 붙인 것과 유사하다. 그릴리는 우리의 평범한 존재를 구성하고 있는 것들은 '하나님의 본성을 암시하며', 게다가 '현존하시는 하나님을 우리에게 제시하는' 일을 돕는다고 말한다.[9]

물론, 루이스와 그릴리는 미세하게 다른 방향으로 주장을 개진한다. 루이스의 주장은 일상적인 기쁜 경험들이 어떻게 하나님께서 우리에게 약속하셨던 미래의 영광을 향한 갈망이 되는지에 관한 것이다. 그릴리도 삶에서 주어진 일반적인 것들을 하나님의 본성을 암시해 주는 것으로 이해한다. 두 사람은 기본적으로 공통된 관점에서 실체를 보면서도 각기 다른 측면을 강조하는 것인데, 하나는 눈에 보이는 세계를 그 자체를 초월하여 우리를 위해 존재하는 보이지 않는 실체를 가리키는 것으로 이해하는 것이다. 다른 관점에서 이 견해는 우리에게 인간 본성을 특별하게 이해할 수 있게 해 준다. 우리 인류가 매우 특별한 방식으로 우리 자신을 넘어서는 존재임을 가리키는 것이다. 우리는 유한한 실체를 초월하는 무엇인가를 상징하는 신성한 형상이다.

고백할 것이 있다. 나는 사물을 이런 방식으로 바라보기를 좋아한다. 사실 아주 신나는 일이다. 이러한 입장을 고백하는 것이 그다지

---

9. Andrew Greeley, *The Catholic Imagination* (Berkeley: University of California Press, 2000), 6.

극적인 신앙고백으로 보이지 않을 수 있는데, 내가 확고한 칼빈주의
자로서 이렇게 고백하고 있다는 사실을 덧붙여야겠다. 사실 루이스
와 그릴리는 그들이 각각 제시하는 주장에 아주 적대적인 신학적 관
점으로 칼빈주의를 꼽으려고 특히 노력했다. 예를 들어, 그릴리는 칼
빈주의자들이 성을 너무 부정적으로 대한다고 생각한다. 그는 영화
'브레이킹 더 웨이브Braking the Wave'1996의 줄거리를 묘사한다. 여자
주인공 베스는 엄숙한 스코틀랜드 장로교 공동체에서 살고 있다. 베
스는 자신이 남편과 사랑을 나누는 것을 즐기고 있음을 알고 심각한
신학적 의문에 직면했다. 그릴리의 말에 따르면, 그녀는 이 기쁨을 즐
기게 해 주신 하나님께 감사를 표현하고 싶어 했다. 그러나 그녀는 주
님께서 단지 '칼빈주의가 허락한 방식'으로만 그녀의 감사 표현을 받
으려 하고 계심을 깨달았다. 그릴리는 베스의 역경에 깊이 공감했고,
그녀가 로마 가톨릭으로 개종할 기회를 얻으면 좋겠다고 소원했다.[10]

또한 일상의 기쁨에 관한 루이스의 성찰에서는 칼빈주의가 훨씬
더 잘 드러나지 않는다. 그는 말콤에게 자신이 최근에 청교도 작품을
읽고는 얼마나 불쾌했는지를 상기시켜 주었다. 한 예로 그는 자신의
영혼 깊은 곳에서 '지옥의 더러운 것' 외에는 아무것도 보지 못한다
고 말한 어느 칼빈주의자 작가를 인용했다.[11]

루이스가 우리의 내면에 있는 모든 것을 그저 장밋빛으로 제안하

---

10. Greeley, *Catholic Imagination*, 163.
11. Lewis, *Letters to Malcolm*, 98.

려는 것이 아니었음을 지적하는 것이 중요하다. 그는 자신의 내면세계를 들여다볼 때 때때로 무언가 아주 나쁜 것을 발견한다고 고백한다. 그가 청교도 작품을 읽고 발견한 문제점은 청교도 작가들이 개인적인 상상의 세계에서 죄를 발견했다는 사실이 아니다. 문제는 그들이 우리 인생의 기쁨들에 죄가 작용하고 있음을 주기적으로 인정해야 한다는 것을 왜곡하여, 우리에게 만족감을 주는 아주 평범한 것들을 혐오감이 깔린 생활 방식으로 만들어 버렸다는 것이다.

나는 우리 칼빈주의자들이 종종 과도하게 부정적이었다는 그릴리와 루이스 모두의 평가를 인정할 수밖에 없다. 우리는 죄에 물든 인류가 엉망으로 망가졌음을 강조하는 우리의 방식으로부터 벗어나 가장 일상적인 기쁨을 추구하게 해야 할 책임이 있다. 우리는 인류의 죄가 만연한 특성을 너무 확신한 나머지, 창조된 우리 삶에서 하나님의 뜻에 반역하기 위한 사실적인—그리고 종종 기만적으로 현혹하는—기회를 제공하지 않는 차원은 존재하지 않는다고 다른 기독교인들에게 상기시켜 주는 것을 칼빈주의자의 특별한 부르심 가운데 하나로 생각했다. 그래서 특히 우리 삶의 에로틱한 측면을 하나님께서 근본적으로 선하다 선언하신 창조의 한 부분으로 인정하는 것은 아무 문제가 되지 않지만, 또한 그것이 죄의 지배 아래에서 창조주의 목적을 위배하는 영역이 될 수 있다는 실제 위험을 지적하고 싶어 한다. 우리의 성은 구속받아야 하는 타락한 본성의 많은 측면 가운데 하나다.

그래서 비록 그릴리와 루이스가 제시한 견해들을 좋아한다고 해도, 나는 우리의 자연스러운 갈망과 기쁨을 무조건 지지하지는 말라는 일반적인 칼빈주의적 경고를 제시하고 싶다. 기독교인들에게 '본성'이라는 용어는 항상 인간 실체를 다루는 대화에 참여하기 전에 풀어서 확인해 볼 필요가 있다. '본성'은 우리가 **창조될 때부터** 타고난 점을 말하는 것일 수 있다. 이런 점에서 우리 인간이 본래 선하다고 말하는 것은 지극히 정당하다. 하지만 우리는 '본성'을 우리의 **타락한** 상태를 언급하는 것으로 사용할 수 있기에, 또 다른 점에서 우리는 본래 죄인이라고 말하는 것 역시 중요하다.

칼빈주의자로서 해야 할 이야기를 했으니, 이제는 비록 타락했어도 그 자체를 넘어서는 궁극적인 실체를 가리키는 인간 본성을 깨닫도록 도와주는 그릴리와 루이스의 방식을 선호하는 이유를 설명해도 될 것이다. 그리고 그 너머를 가리키는 것을 강조하는 일은 성경의 제일 첫 장에서 제시된 인간이 하나님의 형상과 모양으로 창조되었다는 개념을 중요하게 여기는 것이다. 우리는 인간 본성을—확실히 원래 타락하지 않은 상태를—**상징적**이라고 말할 수 있다. 우리의 인간성 안에서 우리는 우리 자신을 넘어서는 것을 지향한다. 하나님의 형상을 가진 자로서 우리는 하나님의 본성 가운데 일부분을 드러낼 수 있다. 이 형상의 특성은 죄로 물든 우리의 반역에도 완전히 파괴되지 않았다. 이 핵심 진리는 인간 존재 안에 있는 하나님의 형상은 죄로 왜곡되었음에도 불구하고 완전히 사라지지 않았다는 가르침—기독교 신학 전통에서 분명한 다수의 견해—가운데 구체화되었다.

망가진 우리의 가치[12]

나는 한 신부로부터 교황 요한 23세가 아직 이탈리아의 추기경으로 재직하던 시절에 있었던 재미난 일화를 들은 적이 있다. 어느 날 밤, 추기경은 보좌관과 저녁을 먹으며 가톨릭의 서열 체계를 흔드는 일을 하고 있는 심각한 변절자인 다른 사제에 관하여 보고받고 있었다. 장래의 교황은 잔을 들어 포도주를 마시며 조용히 듣고만 있었다. 마침내 보좌관은 성난 목소리로 외쳤다. "어쩌면 이렇게 차분하게 반응하십니까? 이 사제가 지금 무슨 행동을 하고 있는지 모르시겠습니까?" 그러자 추기경은 젊은 사제에게 부드럽게 말했다. "신부님, 이 잔은 누구의 것입니까?" 젊은 사제는 "그것은 추기경님의 것입니다, 예하."라고 대답했다. 그러자 추기경은 그 잔을 바닥에 던졌고, 유리잔은 산산조각이 났다.

"이제 이 잔은 누구의 것입니까?"라고 추기경이 물었고, "그것은 여전히 추기경님의 것입니다."라고 그 보좌관이 대답했다. 추기경은 말했다. "그러면 그 신부는 비록 깨지고 부서졌지만, 그는 여전히 그리스도 안에서 내 형제입니다."

창조된 세계는 현재의 죄로 물든 상황에서 깨지고 망가졌을 수 있다. 그러나 하나님께서는 여전히 그것을 사랑하신다. 하나님께서 사

---

12. 이 단락의 일부는 다음의 글에서 허락을 받아 인용했다. Mouw, "Elected for a Global Mission," 22-23, and Mouw, "Surprised by Calvin."

랑하시는 세상을 회복하기 위한 구원의 사명을 가지고 예수님께서
피조물들의 세계에 오셨다. 에베소서 4장에서 사도 바울은 우리가
"땅 아래 낮은 곳으로 내리셨던 …… 이는 만물을 충만하게 하려 하
심이라"엡4:9-10라는 그 사실을 먼저 깨닫기 전에는 예수님의 승천을
적절하게 이해할 수 없음을 분명히 했다. 예수님께서는 사랑이 너무
깊으셔서 여전히 망가진 우주 안에서 그리고 그것을 넘어서서 고통
을 당하신다.

그렇다면, 다음과 같은 일상적인 기쁨과 열망은 어떠한가? 나는
여러 옛날 찬양들에서 많은 신학적 통찰을 발견한다. 그리고 크리스
마스 캐롤을 신학을 견고하게 하는 굉장히 풍부한 원천이라고 생각
한다. 내가 가장 좋아하는 찬양 가운데 하나는 '오! 베들레헴의 작은
마을'이다. "올 한해의 모든 소원과 두려움이 오늘 밤에 당신 안에서
만났습니다." 비록 죄로 가득 찬 마음이라 할지라도, 인간 마음의 기
본적인 소원과 두려움은 예수 그리스도의 구속 사역을 통해 어떤 식
으로든 해결된다.

분명히 죄로 물든 인간 내면의 욕망은 종종 근본적으로 잘못된 방
향으로 향하게 된다. 나는 내 친구 제임스 스미스James K. A. Smith의 작
품들을 통해 이 부분을 이해하는 데 큰 도움을 받았다.[13] 우리가 죄로
물들어 반역함으로써 창조주와의 생명력 있는 관계를 스스로 단절할

---

13. 특히 다음의 책을 보라. James K. A. Smith, *You Are What You Love: The Spiritual
Power of Habit* (Grand Rapids: Brazos, 2016). [역주] 박세혁 옮김, 『습관이 영성이
다』, 비아토르, 2018.

때, 우리는 궁극적인 신뢰를 우상 같은 것이나 진짜 하나님보다 못한 것에 둠으로써 우리의 소원을 충족시키고 두려움이 사라지기를 기대한다. 그러나 분명한 것은, 우리는 살아계신 하나님과 교제하도록 창조되었으므로 우리가 섬기기로 선택한 우상들은 결코 우리의 깊은 욕망을 만족시키지 못한다는 것이다.

루이스가 말콤에게 자신의 생각을 제시했던 방식이 그래서 유용하다. 그는 영원한 것을 향한 우리의 욕망은 다른 욕망들과 실제로 연결고리를 가지고 있다고 주장한다. 그는 주장하기를, 어떤 중요한 의미에서, 우리가 지극히 세속적인 것들을 성취하려고 탐구하는 것은 우리가 창조되었을 당시의 것과 같은 영원히 지속되는 기쁨을 탐색하기를 고대하는 것이라고 한다.

이것을 아주 도발적인 방식으로 시사하는 그림 하나가 체스터턴 G. K. Chesterton의 것으로 알려져 있다. 매춘부의 집 앞에서 문을 두드리고 있는 한 남자가 하나님을 찾고 있는 그런 그림이다. 그러나 체스터턴의 글에서는 이 그림을 아무도 찾을 수 없었는데, 나는 최근에 그 그림에 관한 언급을 잘 알려지지 않은 어느 저자의 글에서 발견했다.[14] 그 그림이 실제로 어디에서 영감을 얻었든지, 그것은 유용한 방식으로 도발적이다. 내가 처음으로 그 그림을 우연히 접했을 때, 나는 사실 깜짝 놀랐다. 더 생각하면 할수록 나는 심오한 부분을 더 분명

14. Paul Nowak, "The Seven Most Popular G. K. Chesterton Quotes He Never Said," *The Federalist*, May 6, 2014, http:// thefederalist.com/ 2014/ 05/ 06/ the-seven-most-popular-g-k-chesterton-quotes-he-never-said/.

하게 이해할 수 있었다. 분명 그림이 시사하는 것을 성매매 하는 집에 다가선 남자가 문간에서 자신을 영접하는 이가 하나님이시기를 기대했다는 의미로 받아들여서는 안 된다. 그 그림의 진짜 의미는 성적 쾌락이나 부, 혹은 권력, 그리고 창조 세계의 다른 요소들이나 형태들을 통하여 궁극적으로 만족하기를 기대하는 사람들은 결코 어떤 것으로도 그 기쁨을 찾을 수 없다는 것이다.

웨스트민스터 소교리문답은 그 부분을 분명하게 제시한다. "사람으로서 우리의 제일가는 목적은 하나님을 영화롭게 하고, 영원토록 **그분을** 즐거워하는 것입니다." 우리의 창조자와 순종하는 관계를 갖는 것을 제외하고는 인간 영혼에 궁극적인 만족을 줄 수 있는 것은 아무것도 없다.

궁극적인 만족

나는 지금까지 내가 우리의 **궁극적인** 만족에 대해서 진술해 왔다는 사실을 강조하고 싶다. 삶에는 좋은 음식 먹기, 재미있는 영화 보기, 신나는 스포츠 경기 관람하기와 같이 우리 삶을 좋은 방식으로 채워 주는 많은 것들이 있다. 물론, 우정, 결혼, 부모 자식 관계와 같이 보다 인내를 요구하는 것들도 있다.

여기서 직설적으로 요점을 제시하고 그것을 자세하게 설명하겠다. 그것이 **전부** 하나님과의 관계와 관련된 것은 아니다. 예를 들어, 결혼

예식에서 두 명의 기독교인들은 삶이 기쁠 때나 슬플 때나 어느 때든 지 서로를 사랑하겠다고 하나님 앞에서 서약한다. 그렇게 그 서약이 만들어졌으므로 내가 그 서약에 충실하게 행동하려고 할 때마다 기 본적으로 하나님과의 관계를 강화하려는 의도로 그 일을 수행한다고 가정해 보자. 내 아내는 나에게 말한다. "오늘 저녁 식사를 위해 요리 해 줘서 고마워요. 정말 좋았어요." 그러면 나는 이렇게 말한다. "주 님을 위해서 한 거예요." 그녀의 생일날 선물을 줄 때, 내가 하나님께 신실하고 싶은 갈망 때문에 그렇게 했다는 것을 그녀가 확실히 알게 한다고 치자.

틀림없이 어떤 지점에서 그녀는 이렇게 대응할 수 있는 당연한 권 리가 있다. "**나를** 위한 것은? **나를** 기쁘게 해 주기 위해서 하는 행동 은 당신에게 만족을 주지 못하나요? 당신은 선물을 **나에게** 준 게 아 닌가요? **우리의** 친밀함은 어디 있나요?"

나는 하나님께서 그녀의 불평을 인정하실 것이라는 사실을 의심 하지 않는다. 시편 104편 31절에서 시편 기자는 외친다. "여호와는 자 신께서 행하시는 일들로 말미암아 즐거워하시리로다" 여러 성경 구 절에서 하나님께서 그분의 창조에 만족하셨음이 선포된 후에 비로소 처음으로 인간이 그 모습을 드러낸다. 주님께서는 그분께서 창조하 신 것 안에서 우리가 기뻐하기를 분명하게 원하신다. 이것은 또한 하 나님의 창조 목적에 포함된 것을 포함하는데, 곧 그 안에서 우리 인 간들이 번영을 누리는 것이다. 하나님을 영화롭게 하고 그분을 영원 토록 즐거워하려 노력하면서, 그러므로 우리가 하나님께 영광을 돌리는 모든 일에 참여하는 것이 중요하다.

주님께서는 인간 존재를 인간이 아닌 피조물을 잘 돌보는 것만이 아니라 친구들과 가족, 좋은 예술 작품을 만들고 즐기는 것, 그리고 우리를 개별적으로 창조하시면서 공급해 주신 은사와 재능을 이용함으로써 번영하도록 만드셨다.

내가 남편과 아버지로서 존재하고, 또 감당해야 할 일은 결혼과 가족을 향한 하나님의 창조와 구원의 목적을 경외하는 것이다. 그러한 목적이 주어졌더라도, 그들과의 관계에서는 그것을 하는 것을 좋아하든 아니든, 내가 그것을 정말로 '주님을 위해' 하고 있다는 인상을 내 아내와 아들에게 주는 것이 좋지 않은 일일 수 있다. 물론, 주님께서 우리가 주님과의 관계에서 그분의 목적에 충실하기를 원하신다는 것을 스스로 떠올릴 필요가 있는 경우도 있다. 그러나 이런 문제에 충실하는 것은 우리가 그런 관계들 자체 혹은 관계를 맺고 있는 실제 개별 존재를 최대한 진지하게 받아들이는 것을 의미한다.

다시 말해, 우리의 **궁극적** 만족은 오직 하나님 안에서만 발견된다. 그러나 삶의 자리에서 다른 만족들을 무시하라는 의미는 아니다. 이런 만족들 가운데 하나님을 영화롭게 하는 것은 창조주의 뜻을 가장 핵심으로 받아들이는 관점에서 인간관계와 그 활동의 범위를 바라보는 것이다.

궁극적 신뢰

세상을 조망하는 이런 관점은 자신들의 궁극적 신뢰를 성경의 하나님께 두지 않는 사람들에게 무엇을 말해 주는가? 우리의 궁극적 신뢰를 하나님 외에 다른 것에 두는 것은 우상숭배라고 하면 너무 뻔한 대답이다. 물론 나는 그 답을 받아들인다. 하지만 그냥 거기서 멈추지 않는 것이 중요하다.

사도 바울은 사도행전 17장에 기록된 유사한 만남에서 그냥 거기서 멈추지 않았다. 그는 '알지 못하는 신'을 포함하는 많은 우상 신들에게 둘러싸인 상황에서 자신의 신앙에 대해 설명하도록 요구받았다. 그는 보자마자 그들이 우상을 숭배한다는 것을 알았다. "그 성에 우상이 가득한 것을 보고 마음에 격분하여"행17:16

그러나 아테네 사람들에게 말하기 시작했을 때 바울은 우상숭배를 비난하는 것으로 시작하지 않았다. 대신에 전시되어 있던 것들에서 드러나는 종교적 갈망에 대해서 언급했다. "아덴 사람들아, 너희를 보니 범사에 종교심이 많도다"행17:22 그리고 나서 그는 '알지 못하는 신'의 제단을 언급하면서 이런 흥미로운 발언을 했다. "그런즉 너희가 알지 못하고 위하는 그것을 내가 너희에게 알게 하리라"행17:23 바울 사도는 그들의 우상숭배의 체계를 더 파고들었다.

어느 대학 공동체를 장기간 방문하던 시기에 아내와 나는 세 아이를 둔 젊은 부부와 여러 차례 만나서 교제했다. 그들과 함께 있는 것은 즐거웠을 뿐만 아니라, 또한 부모로서 보여준 그들의 자녀를 향한 헌신은 감탄스러웠다. 그 부부는 종교에 관심이 없다고 공언했지만, 그들이 깊은 관심을 가지고 있는 것들은 우리 기독교인 가정에서 바라는 것과 같은 종류의 것이 분명했다. 우리가 얼마나 그들의 헌신에 감탄했는지 언급했을 때, 부부 중 아내가 대답했다. "우리에게는 가족이 전부입니다."

그 후로 우리는 그들과 수년 동안 연락이 닿지 않았다. 그런데 그 남편을 한 학회에서 만났다. 그는 "우리의 삶에 큰 변화가 있었습니다. 제 아내와 저는 그리스도를 영접했습니다. 우리는 삶에서 중요한 무언가를 놓치고 있었다는 것을 깨달을 수 있었습니다. 이제 우리는 기독교인 가족이 되었습니다!"라고 말했다.

대화해 보니 여전히 그들이 자신들의 가정생활에 굉장한 큰 가치를 부여하고 있음을 분명히 알 수 있었다. 그러나 가정에 헌신하는 일이 그들에게 더는 궁극적인 것이 아니게 되었다. 그들은 이전에 가치 있게 여겼던 모든 것들을 이제 하나님께 영광을 올려 드리는 방식으로 활용하고 있다.

내가 그들과 처음 만났을 때 복음을 증언하려고 노력하면서 단박에 그들을 가리켜 우상숭배자라고 말했다고 가정해 보자. 기본적인 신학의 측면에서는 옳았을 것이다. 그러나 그렇게 함으로써 진정한 좋은 소식을 전달하지는 못했을 것이다. 그들이 가정에 한 깊은 헌신은 좋은 것이었다. 그러나 그것은 그들에게 궁극적인 만족을 주지 못했다. "우리 삶에서 중요한 무언가를 놓치고 있었다는 것을 깨닫게 되었습니다." 그들은 이제 신자로서 그들의 가정생활을 통해—계시의 빛 가운데 필요에 따라 재편성함으로써—하나님의 영광을 위해 헌신할 수 있다.

나란히 서기

신학생 시절에 다른 종교를 기독교의 관점과 전혀 다른 신학으로 이해하는 데 초점을 맞춘 '종교의 신학'이라는 과목을 수강했다. 교수님께서는 우리에게 세 권의 책을 읽게 하셨다. 그중 한 권은 다양한 종교가 같은 목표를 향해 가는 다른 길이라는 시각을 제안했다. 두 번째 책은 그리스도 안에서 주어진 하나님의 진리를 모든 종교를 향한 심판으로 이해했다.

세 번째 책은 교수님께서 동의하시던 관점을—나도 여기에 동의했다—제시했다. 저자인 스티븐 닐Stephen Neill은 남인도교회의 주교닐은 성공회 신부다—역주였는데, 그는 예수 그리스도께서 유일하신 진정한 구원자시라는 확신을 갖고 있었다. 그러나 그는 두 번째 책의 저자와는 다르게 다른 종교를 믿는 사람들이 삶의 기본적인 문제들에 관해 품고 있는 걱정들을 심각하게 받아들이면서 그들 옆에 나란히 서 있자고 제안했다. 힌두교에 대한 그의 언급이 특히 도움이 되었다. 그는 우리가 "힌두교 안에서부터 힌두교도에게 물음을 던져야 하고, 힌두교도들이 스스로를 더 잘 이해하도록 도우면서" 힌두교도에게 접근해야 한다고 썼다. 이렇게 함으로써 "힌두교도가 스스로 질문을 제기고 얻은 모든 답이 철저히 충분하지 못함을 볼 수 있도록 기독교인이 도와줄 수 있고, 그래서 그러한 문제들에 온전한 답을 얻을 수 있는 주 예수 그리스도를 주목하게 할 수 있습니다."라고 설명했다.[15]

이 접근법은 비기독교인의 일반적인 사고와 삶에 다가가는 나만의 특징이 되었다. 우리는 사람들과 나란히 서서 그들의 이야기를 듣고, 그들의 깊은 소망과 두려움을 인식하려고 시도한다. 우리는 정신 활동의 근원을 탐색하는 질문—아우구스티누스가 겪었던 것과 같이 그들의 마음 깊은 곳에서 작용하고 있는 흔들림—을 던진다. 그리고 우리는 흔들리는 마음에 진정한 만족을 찾아 줄 수 있는 한 분을 가리킬 기회를 찾는다.

실재하는 악

나는 교양civility에 관해서 강연하면서 이와 같이 세계를 조망하는 방식을 제시했다. 그러자 질의응답 시간에 누군가가 내게 노골적으로 도전해 왔다. "만일 당신이 히틀러와 대화할 기회를 얻는다면, 당신은 그의 깊은 소망과 두려움을 탐색하기 위해 그의 옆에 서서 그와 대화를 함께하겠습니까?"

---

15. Stephen Neill, *Christian Faith and Other Faiths* (Downers Grove, IL: InterVarsity, 1984), 98.

나는 직설적으로 답변하기를 주저할 필요가 없었다. 나는 히틀러와 대화하지 않을 것이다. 만일 그에게 조금이라도 가까이 가 닿을 수 있었다면, 가능한 모든 수단을 동원해서 그의 나쁜 행위를 끝장내려는 계획을 가지고 갔을 것이다(나는 평화주의자가 아니다).

그러나 여기에 다른 관점에서 하는 답변도 있다. 근래에 신新나치 neo-Nazi 이데올로기를 확신하고 그것을 강하게 주장하는—스킨헤드 skinhead 무리에 든—청소년들과 대화한다고 가정해 보자. 더군다나, 그들을 염려하는 부모가 내게 자녀의 철학적 견해에 관해 이야기해 달라고 부탁했고, 그 아들이 그 대화에 참여하기로 동의했다고 해 보자.

이런 경우 나는 희망과 두려움에 관해서 이야기**해야 할** 것이다. 나치 이데올로기는 '불순물'을 제거해서 '유일한 지배 종족'을 형성하고 그것을 보존할 욕망에 바탕을 두고 있다. 내게 의미하는 바를 제시하자면, 이 관점은 베드로 사도가 구원받은 우리의 정체성에 대해 기록한 것을 끔찍하게 뒤틀어 버린 형태다. "너희는 택하신 족속이요 왕 같은 제사장들이요 거룩한 나라요 그의 소유가 된 백성이니"벧전 2:9

십 대 시절, 나는 우파 근본주의자 설교가가 '연합' 계획들을 폄하하는 발언을 들었다. 그는 사탄이 하나의 세계 종족, 하나의 세계 교회, 그리고 하나의 세계 정부를 만들려 노력한다고 말했다. 그 설교자는 우리 같은 진정한 기독교인들이 민권 운동, 연합 운동, 그리고 국제연합에 반대함으로써 사탄의 계획을 무마시켜야 한다고 촉구했다. 그 당시에 나는 이 이야기가 옳지 않다고 생각했는데, 나중에 베드로 전서 2장 9절 말씀이 바로 그 주제를 다루고 있음을 깨달았다. 예수님께서는 새로운 연합, 새로운 종류의 '택하신 족속', 새로운 종류의 '왕 같은 제사장', 그리고 새로운 종류의 '하나님의 소유 된 백성'을 탄생시키기 위해 오셨다.

문제는 현재 우리 세계에 실제로 사탄에게 영감을 받은 위조된 '연합들'이 있다는 것이다. 나는 근본주의자 설교가가 했던 것과 같은 것을 규정하고 싶지 않지만, 우리는 하나 됨의 잘못된 약속들에 현혹되지 않도록 경계해야 할 필요가 있다.

신나치neo-Nazis들은 그 위조품 가운데 하나인 그 거짓말을—새로운 종류의 인종적 '순혈주의'를—믿었다. 그것은 사탄의 끔찍한 거짓말에 근거하고 있다. 성령님의 능력으로 그리스도께서 가져오시는 연합은 다른 족속, 언어, 백성, 그리고 나라에서 온 사람들을 갈보리에서 흘리신 보혈을 통해 가능해진 새로운 공동체로 모으시는 것이다. 다른 종류의 연합을 갈망하는 것은 우리의 열망과 사랑을 잘못 인도하는 것이다.

8장
찬송가 인용하기

몇 사람이 내게 또 다른 책을 쓰고 있는지 물었고, 나는 그들에게 지금 쓰고 있는 이 책에 대해서 이야기했다. 그러자 그 가운데 한 사람이 말했다. "우리가 찬송가를 즐겨 부르는 이유를 당신이 꼭 좀 설명해 주면 좋겠어요!"

사실, 나는 한 장 전체를 찬송가에 대해 할애하는 것을 두고 고심하고 있었다. 그러나 이것으로 결코 찬송가에 대한 나의 '호감'을 표현하려는 것은 아니다. 내가 여기서 다루는 내용을 포함하는 것을 그렇게 정당화할 수는 없다. 나는 찬송가의 **사용**이 어떻게 공동의 신앙을 형성하는지에 대하여 몇 가지를 이야기하고 싶다. 찬송가는 일반적인 측면에서 음악적 표현으로, 그리고 구체적인 특별한 방식으로 우리의 영혼을 자극하는 힘을 가지고 있다.

그러나 나는 더 광범위한 부분을 다루고 싶다. 우리는 우리 영혼의 깊은 곳까지 도달할 방법들을 찾을 필요가 있다. 나는 찬송가의 영적인 힘에 대해서 생각해 본 다음에 그 부분을 다루어 보겠다.

함축적인 표현 사용하기

나는 주일 오후에 교회에서 강의를—사경회 중이었다—진행했는데, 참석자의 대다수는 은퇴를 앞두고 있거나 이미 은퇴한 사람들이었다. 내가 예배에 관한 내용을 다루기 시작하자, 한 남자가 짜증 섞인 목소리로 물었다. "이 모든 '현대 음악'이 도대체 우리에게 무슨 의미가 있다는 겁니까? 나는 그것이 반복적이고 너무 시끄럽다고 생각합니다. 젊은 사람들은 그것을 왜 교회에서 그렇게 즐겨 부를까요?"

나는 건성으로 대답하고 싶은 유혹을 받았다. 그 교회에 처음 온 초청 강사에게 그 교회 젊은이들의 음악적 기호를 평가해 달라고 요청하는 것은 상당히 낯선 일이다. 나는 그곳에 있는 사람들 중 그 문제에 관해 정답을 제시할 가능성이 가장 낮은 사람이었다.

나는 대답을 이어 가면서 그가 제기한 의문 가운데 내가 이해한 부분을 다루기로 마음먹었다. 그는 예배에 적합한 음악을 규정하는 일에서 세대 차이 때문에 무척 혼란스러웠다. 나는 그곳에 모인 사람들이 젊은 교우 몇 사람을 초대해서 그 주제를 놓고 대화하는 것이 좋겠다고 제안했다. 그들은 적대적인 태도를 가지기보다는 젊은이들이 예배드리러 교회에 나오면서 무슨 소망을 품는지를 직접 물어볼 수 있었다. 그 젊은이들은 하나님을 찬양하는 데 어떤 종류의 음악을 사용하는가? 나는 또한 보다 나이 든 사람들이 같은 물음에 답할 수 있어야 한다고 말했다. 나는 두 세대의 교우들이 실제로 서로를 더 잘 이해하기 위한 방식으로 대화의 장을 마련하라고 설득했다.

나는 그 남자의 질문이 담고 있는 좌절감을 이해한다. 우리 세대의 많은 사람이 그런 부류의 좌절을 표현하는 것을 들어 왔다. 하지만 나는 그들이 실망한 만큼 큰 좌절을 경험하지는 않았다. 나는 이번 장에서 그 이유를 설명하고 싶다. 그보다 먼저 나는 내가 비교적 전통적인 찬송가의 전통적인 사용법을 선호한다는 사실을 설명해야겠다.

찬송가 가사를 인용할 때마다 나는 청중들에게 흔히 친숙한 찬송가에서 함축된 표현을 끄집어내려고 의도했다. 강연을 듣는 사람들이 내가 인용한 찬송가에 친숙한 경우에는 그 인용이 호응을 일으켰다. 예배 음악에 대한 기호는 최근 십 년간 눈에 띄게 변해 왔으므로 나는 내 습관을 바꿔야만 했다. 비록 개인적인 경건 생활에서는 여전히 오래된 찬송가를 많이 사용하지만, 나는 다른 복음주의자들이 그 단어를 이해하는지 가늠할 수가 없다.

1970년대 복음주의자 가운데 일부가 새로운 '복음주의적 사회 활동'을 시작했을 때, 나는 친숙한 찬송가에서 함축적인 의미를 끄집어내는 일을 많이 했다. 예를 들어, 로널드 사이더Ron Sider와 내가 '복음과 가난한 자들'이라는 주제로 복음주의자 청중들에게 강연했을 때, 우리 이야기를 듣던 사람 가운데 한 사람이 화를 냈다. 그는 가난한 사람들을 돕기 위한 방법들에 대한 사이더의 관점을 가리켜 "그것은 성경에서 나온 것이 아니라 카를 마르크스Karl Marx에게서 나왔군요"
라고 말했다.

　나는 오랜 세월 빌리 그래함Billy Graham의 크루세이드crusades 집회
에서 독창 가수로 활동했던 조지 비벌리 시어George Beverly Shea의 권
위에 기대어 사이더를 변호했다. 나는 또한 우리 가족이 처음으로 전
축을 샀던 어린 시절의 그 시간을 회상하며 말했다. 우리가 소유했던
첫 음반들 가운데 하나가 시어의 찬송가를 수록하고 있었다. 나는 그
음반을 듣고 또 들었는데, 어떤 깊은 영적인 충동보다는 새로운 기술
에 더 매료되어 있었다. 그러나 나는 결국 그 음반에 있던 모든 찬송
가 가사를 암송해 버렸다.

　나는 청중들에게 내게는 시어의 음악을 듣는 것이 첫 번째 경제학
수업과 같았다고 말했다. 그리고 나서 나는 그 가수가 제일 즐겨 부르
던 노래 가운데 한 구절을 인용했다. "나는 은과 금보다 예수님이 좋
다네 / 나는 엄청난 재물보다 예수님이 좋다네 / 나는 집들과 땅보다
예수님이 좋다네 / 나는 못 박힌 그의 손에 인도함 받고 싶다네."우리
말 찬송가 제목은 '주 예수보다 더 귀한 것은 없네'–역주 나는 이렇게 말했다. 여
러분이 조지 비벌리 시어에게 이런 식으로 교훈을 한번 배우고 나면,
카를 마르크스의 경제학은 좀 지루하게 느껴질 겁니다!

　물론 좀 과장된 말이지만, 아직도 기본적인 요점은 괜찮았다는 인
상이 남아 있다. 만일 어떤 사람이 복음주의자들 안에서 통용되는 매
우 친숙한 언어로부터 영감을 얻게 된다면, 우리의 경제생활과 관련
된 문제는 간단하게 해결될 것이다. 우리는 우리가 사는 세상의 물품

을 사용함으로써 예수님을 따라야 한다. 그러면서 다음과 같은 중요한 질문들을 던져야 한다. 예수님께서 가난한 자들에게 관심이 있으신가? 그러하시다면, 우리는 어떻게 그분의 걱정을 우리 자신의 삶에서 신실하게 표현할 수 있을까? 예상할 수 있듯이 정부의 정책들, 기독교 자선 사업 등의 관점에서 논의되어야 할 일들이 엄청 많이 있다. 그러나 '은이나 금보다 예수님이 좋다'고 증언하는 사람들은 그 도전을 피할 수 없다.

보강하기

대체로 내가 글쓰기와 강연에서 찬송가 가사를 사용하는 것은—여기서 나는 나쁜 말장난의 위험을 무릅쓰고 있다는 것을 알고 있다—가치 있는 도구이기 때문이었다. 이것은 강연자인 우리들이 전하려는 무언가를 청중들에게 확신시키려 노력하면서 만들어 낸 미사여구 레퍼토리에 들어 있는 것들 중 하나다.

찬송가 가사를 도구로 사용하는 예를 하나 들어 보겠다. 어느 목회자가 내게 자기 교회의 주중 행사에서 인종차별을 둘러싼 문제들에 관하여 강연해 달라고 요청해 왔다. 그들의 지역사회에서 이 문제들이 꽤 논란이 되었고, 그 교회의 사람들은 기독교인으로서 그 문제를 어떻게 다루어야 할지를 놓고 갈라졌다.

나는 그 제안에 동의했고, 인종차별 문제와 성경의 가르침의 관계에 대해서 몇 가지 신중한 의견들을 준비했다. 그날 행사는 교회 연회장에서의 식사로 시작되었고, 그 후에 예배를 드리기 위해 예배당에 모였다. 우리는 '영광의 왕께 다 경배하며'우리말 찬송가 31장—역주를 부르면서 예배를 시작했다. 내가 강연을 시작하기 바로 전에 새하얀 옷을 입은 어린이 합창단이 노래했다. "예수님은 어린아이를 사랑하세요 / 세상의 모든 어린이를 / 빨간색, 노란색, 검은색과 흰색 / 예수님이 보시기에 모두가 귀해요."

나는 그날 저녁에 같이 불렀던 찬양을 언급하면서 강연을 시작했다. 나는 우리들이 하나님을 '왕'이라 부르며 예배를 시작했다고, 그런데 아이들이 나에게 매우 강력한 메시지를 전달해 주었다고 말했다. 그 왕께서 흑인 아이들뿐만 아니라 빨간색, 노란색, 그리고 백인 아이들도 사랑하신다는 것이다. 기독교의 복음이 인종차별 문제들을 다루고 있음을 규정하기 위해 우리가 무슨 말을 덧붙여야 할까? 기본적인 전제는 이미 확립되었고, 다양한 인종의 아이들을 향한 주님의 사랑을 확립하고 있으며, 남은 것이라고는 다음과 같은 현실적인 질문들뿐이다. 예수님을 따르는 제자로서 우리는 그 문제에 대해 어떻게 행동할 것인가? 어떻게 우리는 학교 교육의 질과 공적인 삶의 태도에 지속적으로 영향을 주는 편견을 버릴 수 있을까?

그 강연에서 내가 한 것이라고는 사람들이 노래했던 그 가사들로 된 사실상의 책임을 주목하게 만드는 것뿐이었다. 내게 어떤 특별한 기술이 있었던 것은 아니다. 우리의 노래 가사에 무슨 이야기가 담겨 있는지 자세히 살펴보고, 사람들이 노래하면서 이미 확인한 것을 진지하게 받아들이도록 격려하는 것이 필요했다.

지혜를 공급하기

그런데 내게는 찬송가의 중요한 두 번째 용도가 있다. 이 용도는 찬송가가 우리에게 제공해 주는 신학적인 단서에 주목할 것을 요구한다. 그럴 경우에 그 찬송가는 실제로 중요한 신학적 자원이 된다. 우리가 신학적으로 이미 알고 있는 것을 강화시키는 방법을—도구로 사용하기를—우리에게 제공해 줄 뿐만 아니라, 우리의 신학적 지식에 실제로 **도움이 된다**.

내가 가장 최근에 찬송가로부터 배운 신학은 예를 들어 '많은 면류관으로 그에게 씌우세' 우리말 찬송가에서는 25장 '면류관 벗어서'—역주에서 발견한 것이다. 나는 그 찬송가를 여러 해 동안 많이 불렀다. 나는 그 찬송가 4절을 가사를 보지 않고도 부를 수 있다. 게다가 최근에는 이런 구체적인 단어들이 예배 시간에 내 입에서 툭 튀어나왔다.

사랑의 주님께 면류관 씌우세.

그의 손과 옆구리를 보라,

값진 상처들, 여전히 그 위에 보이네,

영광스럽게 아름답다.

하늘에 있는 어떤 천사도

그 빛을 온전히 향하지 못하고,

불타는 눈을 아래로 내리네

아주 밝은 신비로움을 향하여.

예수님의 상처들이 "여전히 그 위에 보이네"라는 표현은 뜻밖의
생각은 아니다. 요한계시록 5장에서 그 책을 열 수 있는 유일한 이로
예수님께서 등장하셨을 때, 요한은 자신이 본 "죽임 당한 것처럼 보
이는 어린양"제5:6을 묘사했다. 부활하신 구세주께서 하늘에 오르실
때 못 자국 난 손을 하고 계셨다는 생각과 잘 조화된다.

내가 보기에 신학적으로 조화롭지 않은 구절은 예수님의 상처들
이 이제 '영광스럽게 아름다운' 모습이 된 것이다. 천국의 맥락에서,
그런 상처들은 영광스러운 아름다움을 지니고 있다. 그리고 그 화려
함은 천사들이 쳐다볼 수 없는 것이다. 그러나—이것은 정말 엄청난
것인데—우리 구원받은 인간 존재들은 '그분의 손과 옆구리를 살펴'
보도록 부름을 받았다.

내가 이 가사의 풍성한 의미를 생각하자마자, 내 마음에는 또 다른
옛 찬송가의 가사가 몇 줄 떠올랐다. 내가 어린 시절에는 그 찬송가가
유명했는데, 최근 몇 년 동안 나는 한 번도 그 찬송가를 듣지 못했다.

거룩, 거룩은 천사들이 노래하는 것

나도 그들을 도와 하늘 왕궁에 노래가 울려 퍼지게 하기를 기

대해요.

그러나 내가 구원 이야기를 노래할 때 천사들은 날개를 접어요.
왜냐하면 천사들은 결코 우리의 구원이 가져오는 기쁨을 느끼
지 못하기 때문이에요.

이 찬송가 가사가 제시하는 신학적 제안이 옳다고 본다. 우리 구원
받은 인간들은 천사들이 할 수 없는 방식으로 그리스도의 인성과 사
역의 의미를 이해할 수 있다. 그 천사들은 성육신, 십자가, 그리고 부
활이라는 실질적인 변화를 경험하지 못한다.

그렇지만 '값진 상처들'이라는 구절은 이 부분을 더 부각시키고 있
다. 우리가 실제로 예수님의 상처가 영광스럽게 되는 것을 '보는' 것
은 우리의 영원한 운명에 있어서 매우 중요하다. 천사들은 이해할 수
없는 방식이지만, 우리는 못 자국들의 아름다움을 보게 될 것이다.

최근 몇 년 동안 장애인들에 대한 신학이 신학적 토론에서 특별한
주제가 되었다. 과거에 그것이 철저하게 무시되었던 주제들은 아니
었지만, 이제 학문적인 연구에서 눈에 띄는 영역으로 자리 잡게 되었
다. 교회와 사회에서 장애인을 섬기는 일을 우리가 이해하려고 할 때
관련된 중요한 문제들이 많지만, 종말론적 문제들—내세와 관련한 주
제들—또한 큰 관심사 가운데 하나다. 나는 그 분야의 전문가는 아니
지만, 중요하고 흥미로운 문제들을 발견했다. 다음에 이어지는 예화
가 이 점을 보여 주는 좋은 경우다.

몰리는 다운증후군을 가진 여성인데, 그녀는 30세의 나이에 죽음
을 맞이했다. 그녀의 가족들은 그녀에게 최상의 교육과 직업 활동을

위한 많은 자료들을 제공했고, 그녀는 초등학교 3학년 수준의 독해 능력을 배울 수 있었다. 몰리는 노래 부르기를 즐겼고, 교회 합창단 단원으로서 불렀던 노래들을 잘 기억했다. 몰리는 특히 '예수님 나를 사랑 하시네'우리말 찬송가에서는 563장 '예수 사랑하심을'—역주를 좋아했고, 노래를 향한 그녀의 열정이 주님을 향한 그녀만의 표현 방법이라는 사실을 다른 사람들도 분명하게 알았다.

몰리의 가족들은 그녀가 지금 예수님과 함께 천국에 있다는 것을 알고 있으며, 죽어서 이생의 삶을 떠났을 때 그들 역시도 그녀를 만나게 되기를 소망한다. 그런데 그들이 몰리를 다시 만날 때, 그들은 무엇을 마주하게 될까? 몰리의 다운증후군은 그녀가 이 세상에서 살아갈 때 가지고 있던 아주 중요한 한 부분을 의미했다. 그렇기에 천국에서 그녀가 변화되어 우리가 그녀를 완벽히 알아볼 수 없게 되리라 상상하기는 어렵다.

나는 이런 생각이 타당하다고 믿는다. 몰리의 다운증후군은 예수님의 상처들과 거의 비슷하게 '영광스럽고 아름다워질' 것이다. 내가 앞서 말해 왔던 것처럼, 다운증후군을 장애로 언급하는 것이 완전히 헛다리를 짚은 것은 아니다. 그러나 다운증후군을 가진 사람들도 또한 특별한 방면에서는 '장애 없는' 사람들이다. 몰리의 가족은 그녀가 특별한 선물을 그들의 삶에 가져왔다고 말할 것이다. 그들은 심오한 측면에서 그녀가 비교할 수 없는 방법으로 그들을 **돌보았다**고 고백했다. 이 모든 것은 놀랍게도 천국에서 더 많이 진행될 것이다.

시적인 기억들

데이빗 허바드David Hubbard가 어떤 대화에서 찬송가를 잘 묘사한 적이 있다. 그는 찬송가를 가리켜 '시적 형태로 된 교회의 신학적 기억 모음집'이라고 말했다. 나는 이미 기억의 신학적인 중요성을 지적했었다. 그러나 허바드가 말했던 '시적 형태' 또한 강조될 필요가 있다.

나는 종교적 신념을 목소리 높여 거부한 것으로 유명한 다니엘 데넷Daniel Dennett에 관한 『뉴요커NewYorker』라는 잡지의 긴 기사에 매료되었다. 그와 그의 아내는 기독교 신앙을 경멸하지만, 그러나 매해 그들은 캐럴을 부르는 저녁크리스마스 전야—역주에 그들의 집으로 친구들을 초대했다. 그들은 그리스도의 탄생을 선포하는 노래들을 좋아한다고—뿐만 아니라 영감을 얻는다고—주장했다.

나는 조금도 놀라지 않았다. 시적 표현은 다양한 쓸모가 있지만, 가장 분명한 특성 하나는 영감을 주는 능력이다. 그 능력은 우리의 이성보다 더 깊은 곳에 도달한다. 그리고 특별히 노래 가사는 이성으로 완전히 통제할 수 없는 감정들을 불러일으키면서 우리의 영혼 깊은 곳에 도달할 수 있는 역량을 가지고 있다.

이것은 종교적인 음악의 경우에 더 확실한 사실이다. 나는 9월 11일의 끔찍한 붕괴가 일어난 후 며칠 지나지 않아서 애국가의 힘을 경험했다. 1960년대 태생으로 많은 반전 운동들에 참여했던 나는 애국심을 표현하는 것들에 영향을 많이 받지 않고 수십 년을 살아왔다. 그렇다고 내가 반미주의자인 것은 아니다. 나는 애국가가 불릴 때 자연스럽게 가슴에 손을 얹었고, 국기를 향해 충성을 맹세하는 것을 꺼린 적이 없었다. 그러나 나는 자연스럽게 그런 의식들로부터 약간의 심리적인 거리감을 가지고 있었다.

뉴욕시에서 끔찍한 테러가 있었던 이후 맞이한 어느 주말 저녁, 우리는 콘서트를 관람하기 위해 할리우드 볼Hollywood Bowl, LA에 위치한 유명한 대형 공연장—역주에 갔다. 그 행사는 다른 행사와 마찬가지로 어둠이 깔리고 애국가가 연주되는 동안 조명이 미국 국기를 비추는 것으로 시작했다. 나는 애국가가 연주될 때 흐느끼기 시작함으로써 스스로를 놀라게 했다. 그 행사는 마음 깊은 곳에서 나와 연결되었다. 나는 애국심을 **느꼈다**. 애국가는 내 안에서 무언가를—오랫동안 잠재되어 있던 어떤 감정을—불러 일으켰다.

내가 속한 칼빈주의자들의 세계 사람들은 믿지 않는 사람들의 삶에서 **생각**thought을 중요시해 왔다. 그리고 이와 관련하여 인식을 강조하는 것은 성경의 원리로서 옳다. 사도 바울은 그 점을 직설적으로 로마서 1장 18절에 기록했다. 그는 하나님을 대적하고 반역하는 삶을 사는 사람들은 어떤 의미에서 더 알아야 한다고 말한다. 그러나 그들은 "불의로 진리를 막는 사람들"이다.

하지만 저항은 단순한 앎의 문제보다 더 심각하다. 그리고 중생의 선물이 우리로 하여금 보다 진실한 생각들을 표현할 수 있게 해 줄 때, 우리가 하는 지적인 찬성의 행위가 감사와 놀라움을 뒷받침해 준다. 예를 들어, 대속하시는 그리스도의 속죄 **교리**는, 찰스 웨슬리의

'어떻게 그럴 수 있을까요?'를 부를 때 나를 교리를 지지하는 것을 초월하여 새로운 차원으로 데려간다. "놀라운 사랑, 어떻게 그럴 수 있을까요? / 나의 하나님이신 당신이 나를 위해 죽어야 하셨다니!"

감상주의[1]

물론, 나는 찬송가의 인식 가능한 범위를 넘어서는 지점을 너무 많이 강조하는 것이 감상주의의 피상적인 면을 정당화하는 데 이용될 수 있다는 것을 분명히 알고 있다. 그리고 우리 나이 든 사람들 가운데 상당수의 사람은 '예전의 위대한 찬송가'를 통해 과도하게 감성을 자극하려 한다. 가끔 우리가 진심으로 우러난 한탄의 노래를 불러야 할 때 우리는 '놀라운 평화'와 '내 마음속의 기쁨'을 송축하는 일을 옆으로 살짝 제쳐 놓을 필요가 있다. 그러나 우리 학자들은 또한 과도하게 성급하게 '감상에 젖은' 음악적 표현이라는 딱지 붙이기를 그만둘 때 비로소 우리가 공정해진다는 것을 확실히 해 둘 필요가 있다.

역사학자 마크 놀Mark Noll과 나는 복음주의 찬송가를 다룬 논문집을—논문들은 휘튼 대학에서 열렸던 학회에서 발표되었다—공동으로 편집한 적이 있다. 놀은 이 주제에 대한 진짜 전문가다. 그리고 나는

---

1. Parts of this section are adapted from Richard J. Mouw, "Alone in the Garden?," *First Things*, July 1, 2016, https:// www.firstthings.com/ blogs/ firstthoughts/ 2016/ 07/ alone-in-the-garden. Used with permission.

어린 시절에 찬송가를 많이 불렀기 때문에 복음주의자들의 찬송가에 대해 잘 알고 있고, 많은 가사를 지금도 암기하고 있다.

그 책을 함께 읽는 동안 놀과 나는 찬송가에 대한 흥미를 불러일으키는 대화를 나누었고, 나는 그 주제에 대해서 그로부터 많은 것을 배웠다. 그런데 나는 한 특정 찬송가를 평가한 그의 비평은 받아들일 수 없었다. '동산에서In the Garden'는 지난 세대의 복음주의자들에게 굉장히 인기 있는 노래였는데, 그 노래는 유명한 '사랑 노래'의 이미지를 차용했다. "그가 입을 열자 그의 목소리는 너무 감미로워서 / 새들도 노래를 멈추네요" 그리고 "그는 나와 함께 걷고 / 그는 나와 이야기하고 / 그는 내가 그의 것이라고 내게 말해요"라는 노래다.

놀은 이 심상을 반대했다. 그리고 솔직히 말해 나도 그가 옳다는 것을 알았다. 특별히 이 구절을 변호하기 힘들었다. "그리고 우리가 그곳에 머물면서 나눴던 기쁨은 / 다른 누구도 알 수 없어요" 이것은 너무 과장된 표현이다. 정말 주님과의 관계가 다른 사람들은 절대 경험해 보지 못할 만큼 너무 기쁘다고 노래해도 될까? 이것은 영적 열정이 과도해져서 경계를 넘어서 버린 것은 아닐까?

맞다. 놀이 옳았다. 그런데 그와 대화하면서 내가 그 노래를 비난하기가 주저되었던 것은 가족 간의 유대감 때문이었다. 그 노래는 우리 부모님께서 즐겨 부르셨고, 부모님께서는 각자의 장례식에서 그 노래를 불러 달라고 요청하셨다. 두 번의 장례식에서 나는 감정을 가득 실어 그 노래를 불렀다. 내가 놀의 지혜에 맞서서 펼쳤던 내 주장을 자세하게 다루지는 않을 것이다. 말하자면, 나는 마침내 실패한 그

심상을 포기했다. 그래도 나는 여전히 부모님들께서 그 노래를 좋아하셨던 것을 존중하고 싶다.

그러나 놀은 이전에 우리가 서로 의견을 교환하여 적절한 결론에 도달했던 방식으로 대화를 다시 시작했다. 그는 내게 문화대혁명 시기에 수용소에 수감됐던 중국 본토 출신 목사의 신앙고백이 담긴 책을 보여 주었다. 그는 매일 인분으로 가득 찬 구덩이로 내려가서 삽질을 해야만 했다. 그는 '동산에서'라는 노래를 부르고 또 부르면서 그런 끔찍한 모욕을 견딜 수 있었다고 회고했다. 그는 자신을 가둔 사람들이 그의 현실을 정의하도록 내버려 두지 않았다고 했다. 그는 자기 자신이 주님의 임재를 누리고 있음을 이해하려고 노력했다.

놀은 그의 신앙고백이 꽤 감동적이라는 것을 깨달았다. 그는 내게 "나는 이제 많은 것이 맥락에 따라 달라진다는 사실을 알았어요."라고 말했다. 나도 동의했다. "다른 누구도 알 수 없어요"라는 구절은 약간 과장된 표현이지만, 수용소에 갇힌 중국인 목사의 경우에는 약간 과장된 표현이 순수한 영적 감상주의를 잘 극복하는 요인으로 작용했다.

이 예화는 우리의 세계관 갖기를 뒷받침하고 강화시켜 줄 수 있는 찬송가의 능력을 보여 준다. 우리가 더 전통적인 찬송가를 고수하든, 아니면 새로운 음악적 표현들을 만들어 내든 간에, 더 큰 목적은 그리스도를 따르는 자로서 우리가 누구인지를 자각하는 것이다.

왕을 알현하는 예배

내가 여기서 말하고 있는 것 중 어떤 것도 단순히 과거의 찬송가 부르기로 돌아가기 위해 의도적으로 만든 사례는 없다. 그 찬송가들 가운데 어떤 최고의 찬송가도 영원히 복음주의자들에게 불릴 수는 없지만, 그래도 나는 과거에 즐겨 부르던 노래 중 많은 노래가 그대로 남아 있기를 간절히 소망한다.

실제로, 나는 최근의 복음주의자들의 찬양 음악이 교회의 예배에 적합하다고 확신하고 있다. 최근 십 년 동안 복음주의 진영에서 제일 중요한 예배 형식적liturgical 변화 가운데 하나는 예배 중에 스크린이 도입된 것이고, 우리의 예배당에서 그것의 존재는 우리의 예배 형태를 긍정적인 방식으로 변화시켜 왔다. 우리가 손에 들고 있는 찬송가의 지면을 내려다보는 것은 더 많은 교회들에서는 찬송을 부르는 전형적인 모습이 아니다. 이것은 우리가 예배 중 다양한 방식으로 우리의 몸을 자유롭게 움직일 수 있게 되었음을 의미한다. 만약 마음이 내킨다면, 우리는 찬양하면서 손을 들 수 있다. 심지어 우리가 너무 지루해서 고개를 숙이고 싶더라도, 우리의 눈은 아래로 향하기보다는 위로 향하게 된다.

많은 현대 예배 음악의 내용은 또한 꽤 탄탄하다. '오직 그리스도 안에In Christ Alone'우리말 찬양 제목은 '예수 안에 능력 있네'—역주, 그리고 '우리를 향한 아버지의 사랑이 얼마나 큰지How Deep the Father's Love for Us'는 명백하게 이론적으로나 영적으로 풍부한 찬송가의 예시 가운데 하나다. 그리고 대다수의 다른 짧막한 노래들은 올바로 예배를 드리기 위해 필수적인 신적 위엄에 초점을 맞춘다. 우리가 기독교 예배를 드리기 위해 모일 때, 우리가 신성한 보좌가 놓여 있고 하나님 "나라의 권위가 그의 보좌에서 그의 세계 위로 흘러"내리는—잭 헤이포드Jack Hayford의 '장엄함Majesty'의 가사—방 안으로 들어가고 있음을 깨닫는 것이 중요하다.

나는 과도하게 '반복적인 찬양들'에 대한 불평은 받아들이기 어렵다는 것을 덧붙이고 싶다. 나는 훨씬 더 인위적인 복음주의자들의 반복 위에서 성장해 왔다. "해 주세요 주님, 오 해 주세요 주님, 꼭 나를 기억 해 주세요 / 해 주세요 주님, 오 해 주세요 주님, 오 나를 꼭 기억해 주세요." 그리고 "그 기쁨이 있어요, 기쁨, 기쁨, 기쁨이 내 맘에, 내 맘에, 내 맘에 기쁨이 넘쳐요." 같은 것들이다.

이 노래들은 반복 때문에 깊이가 없어 보일 수 있다. 그러나 심오한 단어들을 더 반복하는 것이 영적인 것을 형성하는 데 효과적인 요소가 될 수 있다. 현대 예배의 많은 요소가 발달해 오는 동안, 우리 복음주의자들은 또한 영성 실천의 중요성을 강조해 왔다. 우리가 배운 최고의 교훈 가운데 몇 가지는 수도원 전통에서 가져온 것이다. 그리고 수도사들은 그들 스스로 엄청나게 반복하여 말한다. "주여, 주여, 주여." 이런 단어들을 가락에 맞추어 반복하는 것은 가치 있는 일이다.

9장
신비 받아들이기

2011년에 랍 벨Rob Bell의 책 *Love Wins*사랑이 이긴다가 등장했을 때 상당한 논란이 있었다. 한 저명한 복음주의자 신학자는 트위터에서 세 단어로 랍을 복음주의 진영에서 즉시 퇴출시켰다. "잘 가요, 랍 벨." '유에스에이투데이USA Today'의 기자가 전화를 걸어 의견을 물었을 때, 내 생각에는 그 책이 몇 가지 중요한 질문들을 제기하는 좋은 책이라고 말했다. 그리고 랍이 제기한 대체로 논쟁적인 문제마다, 과거에 비슷한 영역을 탐색했던 여러 확고한 정통 신학자—초대교회의 신학자 이레네우스Irenaeus는 이런 관점에서 대표적인 사람이고, 보다 최근에는 C.S. 루이스—를 발견할 것이라고 말해 주었다. 게다가 랍의 책을 특별히 신선하게 만들어 준 것은 그가 첨예한 주제들을 더 도발적인 **방식**으로 다루었다는 점이다.

그의 책에 대해서 호의적인 언급을 제시했다고 해서 내가 실제로 랍이 그 책을 쓰고 당했던 만큼 비난받지는 않았다. 그러나 나는 랍을 더 호되게 비판하지 않았다는 이유로 약간 부정적인 평가를 받았다. 나는 또한 많은 사람으로부터 *Love Wins*를 옹호해 주어서 고맙다는 인사도 받았다. 특히 한 여성의 고백이 기뻤다. 그녀는 칠십 평생을 복음주의적 칼빈주의자로 살아왔는데, 지난 십 년 가량은 롭이 다루었던 질문 하나하나를 개인적으로 음미했다고 말했다. 책에서 다룬 질문들에 관한 그의 대답이 완전히 맘에 들지는 않았지만, 그녀는 스스로 영적인 탐색을 할 수 있도록 그가 제공해 준 몇 개의 지침에 대해 감사했다. 그리고 정답을 빨리 생각해 내지는 못하더라도 이런 문제들과 씨름하는 것이 필요하다고 말해 준 내게도 고마워했다. 그녀는 말했다. "이런 문제들에 대해서 신학적으로 생각할 때, 당신처럼 나는 신비를 위한 공간을 만드는 법을 배우고 있었어요."

복음주의자들을 위한 신비

벨의 책에 대해 몇 가지 좋은 점을 말해 주어서 고맙다고 했던 그 여성이 '이런 문제들에 관하여 **신학적으로** 생각할 때'를 가리켜 자신이 신비를 위한 공간을 만들고 있었다고 말한 것은 옳다. 우리 복음주의자들은 신비를 낯설어하는 사람들은 아니지만, 우리는 신비를 우리의 영적인 표현들 안에만 담아 두려는 경향이 있다. 게다가 우리는 우리 신학에서 신비의 요소가 너무 많이 등장할 때 너무 긴장한다.

나는 신비의 등불이 우리 복음주의자의 영성을 폭넓게 비추는 방식을 통해 힘을 얻는다. 우리는 하나님의 '비교할 수 없는 은혜'를 열정적으로 찬양한다. 하나님께서 우리를 구원하시기 위해 그분의 독생자를 아끼지 않으셨음을 생각할 때, 우리 '부족한 사람들이 그 은혜 가운데 받아들여진다.' 찰스 웨슬리는 이렇게 말했다. "놀라운 사랑, 어떻게 그럴 수 있을까요? / 나의 하나님이신 당신이 나를 위해 죽어야 하셨다니!"

물론, 이 가사들은 오늘날 복음주의자들의 예배에서는 그다지 불리지 않는 옛 찬송가에서 가져온 것이다. 그렇지만 현대의 음악들은 신비에 거의 초점을 맞추지 않는다. 스튜어트 타운엔드Stuart Townend가 지은 '우리를 향한 아버지의 사랑은 너무 깊어요How Deep the Father's Love for Us'에서 따온 다음 구절들을 생각해 보자.

아버지의 사랑은 너무 깊어요,
모든 측정 도구들을 넘어서는 광대함
그분의 독생자를 주셔야 했어요.
가엾은 사람을 그분의 보물로 만들기 위해.

또한 달렌 지젝Darlene Zschech의 '주께 외쳐라Shout to the Lord'에서 온 다음 구절도 주목 할 만하다.

나의 예수님, 나의 구원자,
주님, 당신 같은 분은 없어요.

내 모든 날 동안, 나는 찬양하고 싶어요

당신의 거대한 사랑의 놀라움을

하나님을 향한 신뢰를 나타내는 복음주의를 표현할 때 필수적인
부분은 뚜렷한 경이로움, 그리고 전능자께 창조하시고 구원하시는
힘이 있다는 사실을 아는 것이다. 그리고 이런 영적인 표현들이 분명
히 암시하는 바는, 우리가 그 실체들을 신학적인 형태로 담아내려 노
력한 용어들은 필연적으로 우리의 경이와 경외를 정확히 포착하는
데 실패할 수밖에 없다는 것이다.

우리가 이 모든 것을 신학적으로 진술할 때, 일반적으로 우리 복음
주의자들은 꽤 엄밀해진다. 우리 복음주의자들의 인문대학과 종합대
학교들은 교수들에게—그들의 전공 영역이 어디든 간에—제법 상세
한 신앙 선언문에 동의하라고 요구한다. 신학교에서 사용하는 이런
종류의 선언문은 훨씬 구체적이다. 우리 교회는 목회자 후보생들에
게 종종 엄격한 교리 시험에 응시하도록 요구한다. 우리는 기독교의
다른 어떤 전통보다도 여전히 더 많이 우리 자신만의 방식으로 이단
재판을 수행하기도 한다.

이게 어찌된 일인가? 어째서 하나님의 창조와 구원의 목적을 짝지
우는 영적인 경이로움을 신학적으로 아주 정확하게 표현하라고 주장
하는 걸까?

솔직히 말해서 나는 꼼꼼한 신학적 관찰과 관련이 있는 활동들을
지지한다. 나는 학자로서 경력을 쌓아오는 동안 계속해서 그런 활동

들을 행복하게 수행해 왔다. 나는 칼빈 대학 교수로 섬긴 17년 동안 품었던 기대와 그 후 풀러 신학교에서 지낸 수십 년간의 신학적 기대의 차이점을 자주 '대략 99쪽짜리 신학'으로 요약할 수 있다고 표현했다. 내가 칼빈 대학의 교수 자리에 지원했을 때, 나는 초대교회 신앙고백사도신경과 니케아 신경에 추가해서 네덜란드 개혁교회 전통의 신앙고백서에 찬성해야만 했다. 그것은 하이델베르크 교리문답, 벨직 신앙고백, 그리고 도르트 신조—대략 100쪽 분량의 신학적 문서—였다. 나는 점선으로 그어진 칼빈주의자 꼬리표 아래에 진심으로 동의한다는 의미로 내 이름을 적었다.

그러나 풀러 신학교는 다양한—감리교회, 개혁교회, 침례교회, 오순절교회, 성공회, 루터교회, '어디에도 속하지 않은' 새로운 형식의 교회 회중들이 속한—배경 출신의 교수들이 동의하는 열 가지 신앙 선언문이 담긴 한 쪽 길이의 서류가 전부였다. 그리고 교원 심사 마지막 단계에 있는 후보자들은 그 선언문의 내용에 대한 자신의 이해를 설명하는 여덟 내지 열 쪽짜리 문서를 작성해야 했다. 그 문서는 이후에 한 시간 반 동안 종신 재직 교수들이 감독하는 구두 '신학 평가'의 기초 자료가 되었다. 그 풀러 선언문은 한 페이지 길이에 불과했지만, 교수 후보자들과의 정기적인 토론을 거치면서 그 내용이 세부적으로 정밀해졌다. 게다가 어떤 후보자는 신학적으로 용인될 수 없어서 탈락한 경우도 있었다.

나는 진심으로 정교한 표현들이 중요하다고 생각한다. 내게 연락했던 여성이 언급했던 것처럼, 그래서 '내가 이 문제들에 관해 **신학적**

으로 사고할 때, 신비를 위한 어떤 공간을 만드는' 것과 나의 열정은 무슨 관련이 있는 것일까?

나는 이 물음을 통해, 영적으로 경험하는 것과 신학적으로 묘사하려고 노력하는 것 사이를 구별하는 일이 필요하다는 것을 알게 되었다. 내가 의도하고 있는 구별은 로마 가톨릭 신학자 토마스 웨이난디 Thomas Weinandy가 신학적 과제의 본질을 묘사한 방식에서 가져온 것이다. 그에 따르면, 신학은 '하나의 문제 해결' 연습이라기보다는 '신비를 분별하는 모험'이다. 문제를 해결하는 것으로는 우리의 모든 혼란을 정리하지 못한다. 혼란을 정리하는 것이 우리가 신학적 탐험에서 당연히 예상해야만 하는 해결 방안도 아니다. 웨이난디에 따르면, 우리가 바랄 수 있는 것은 '신비가 무엇인지 정확하고 분명하게' 확인하는 것이다. 그리고 이것은 중요한 소득이 될 수 있다.[1]

웨이난디가 암시하고 있는 신학과 신비의 그 관계는 분명히 옳은 것으로 보인다. 우리의 신학에는 허용해야 하는 많은 신비가 존재한다. 그러나 동시에 그것은 무조건 허용되는 모험이 아니다. 우리는 또한 신비에 둘러싸여 있는 것들을 '정확하고 분명하게' 알기 위해 노력해야 한다.

벨이 *Love Wins*를 통해서 내세운 주장과 관련해서, 내게는 여기서 표현해야만 하는 걱정들이 있다. 그 책에서 그는 간디가 죽어서 지

---

1. Thomas G. Weinandy, *Does God Suffer?* (Notre Dame, IN: University of Notre Dame Press, 2000), 32-34.

옥에 갔는지 알 수 없다고 말한다. 이 때문에 몇몇 복음주의자들은 혼란스러워 했지만, 나는 흥분할 이유를 찾지 못했다. 하나님께서 간디를 지옥으로 보내셨다고 확신할 수 있을까? 아니다. 우리는 하나님께서 어떻게 사람들을 붙잡아서 그들의 운명을 결정하시는지 같은 의문은 하나님의 손에 맡겨둘 수 있다.

그러나 우리가 그 질문에 대해서 정확하고 분명하게 말할 수 **있는** 것이 있다. 예수님께서 홀로 구원하신다. 우리는 선한 행실로 구원받는 것이 아니다. 구원은 은혜로만 주어진다. 그리고 하나님의 구원하시는 은혜는 하나님의 독생자의 죽음과 부활로 절정에 이른 구속 사역을 통해서만 우리와 같은 죄인들에게 유효하게 주어진다.

나는 분명하게 이렇게 말하고 싶다. 만일 간디가 죽었을 때 천국으로 갔다면, 그것은 오직 갈보리에서 흘리신 보혈 때문이다. 오직 예수 그리스도께서 구원하실 수 있다.

'헤아리지 못할' 것

나는 로마서 11장에서 하나님께서 유대인들과 맺으신 관계를 지속하시는 것에 관한 사도 바울의 말을 이해하려고 시도했다가 좌절했던 경험이 있다. 바울은 우왕좌왕하는 것처럼 보인다. 하나님께서는 이스라엘이 하나님께서 보내신 메시아 예수님을 거절한 것을 심히 불쾌하게 여기셨다. 그들은 꺾인 가지이고, 그들의 자리에는 돌감

람나무 가지가 접붙여졌다롬11:17. 또한 바울은 이방인 기독교인들에게 이것을 자랑의 근거로 삼지 말라고 경고한다. 왜냐하면 유대인들은 결과적으로 나무에 다시 접붙임을 받게 될 '원가지들'이기 때문이다11:24. 그러면 이스라엘이 민족으로서 구원받는다는 의미인가? "하나님이 모든 사람을 순종하지 아니하는 가운데 가두어 두심은 모든 사람에게 긍휼을 베풀려 하심이로다"11:32 지금까지 이 주제와 관련지어 읽어 왔기에, 나는 바울 사도가 해명하는 차원에서 몇 가지 중요한 질문에 대답하게 해 주고 싶었다. 그러나 그는 답변 대신에 하나님의 방식에 관한 풍부한 신비로움을 표현했다.

> 깊도다 하나님의 지혜와 지식의 풍성함이여,
> 그의 판단은 헤아리지 못할 것이며
> 그의 길은 찾지 못할 것이로다!
> "누가 주의 마음을 알았느냐
> 누가 그의 모사가 되었느냐?"
> "누가 주께 먼저 드려서, 갚으심을 받겠느냐"
> 이는 만물이 주에게서 나오고 주로 말미암고
> 주에게로 돌아감이라
> 그에게 영광이 세세에 있을지어다! 아멘.
>
> 로마서 11:33-36, 개역개정

현대를 살아가는 고대 이스라엘 민족의 후손들에게 하나님께서 가지고 계신 지속적인 목적을 찾기 위한 질문에 대해서, 나는 인간을 대하시는 하나님의 신비를 노래하는 찬송가를 부르는 것을 바울 사도에게 배웠다. 그러나 나는 또한 신비가 나의 신학을 묘사해 가는 데 중요한 의미가 있음을 인정해야만 한다. 영적인 신비는 상당한 정도의 신학적 신비를 수반한다.

혼란스러움?

나는 여기서 공개적으로 밝히고 싶은 비밀이 있다. 학생들과 신비에 대한 신학적 다양성을 논의하는 자리에서, 나는 가끔 내 신학에서 '혼란스러워질' 필요성이 늘어나고 있음을 언급하기 위해 고상치 못한 단어를 사용했었다. '혼란스러움'을 신학에 적용할 때, 사실 그 안에는 내가 좋아하는 무언가가 있다. 물론 나는 현상들의 영적인 측면을 묘사하는 데는 결코 그 단어를 사용하지 않을 것이다. 나는 혼란스러운 영성—'신비'는 하나님께서 그리스도 안에서 우리를 위해 하신 일의 경이로운 경험에 꼭 맞는 단어다—을 원하지 않는다. 그러나 내가 그런 현상들에 관해 신학적으로 사고할 때는 종종 '혼란스러움'이라는 말이 꽤 적절해 보인다.

신학의 혼란스러움을 허용하는 것이 신학적인 문제들을 다루는 데 어느 정도 도움이 되는 기능들을 제공한다. 예를 들어, 그것은 내가 신학적으로 생각해 내고 있는 많은 것이 불확실함을 깨닫게 해 준다.

한번은 나를 초청한 사람과 짝이 되어 대학에서 강연을 한 적이 있는데, 그의 견해들은 여러 중요한 주제들에 관해서 내 견해와 다소 달랐다. 우리 각자는 같은 주제들을 부여받았고, 매 시간마다 우리는 그 주제들 가운데 하나를 두고 서로의 다른 이해들을 제시하기로 했다.

첫 번째 시간에는 그가 먼저 이야기를 시작했다. 준비한 내용을 발표하기 전에, 그는 처음부터 중요한 부분을 분명히 하기를 원한다고 말했다. 그의 말에 따르면, 어떤 사람이 우리가 함께 참여하는 행사를 '마우 박사와 자기 사이의 대화'라고 묘사했다는 것이다. 하지만 그는 대화에는 전혀 관심이 없다고 말했다. "나는 이곳 대학 공동체에 속한 사람들의 마음과 정신을 위해 싸우러 왔습니다!"

내가 말할 차례가 되었을 때, 나는 스스로를 지적인 전사라고 생각하지 않는다는 말로 시작했다. 나는 상대편 강연자의 이야기를 주의 깊게 듣겠다고 약속했다. 그리고 만일 내 발언에 틀린 부분이 있거나, 혹은 몇 가지 주제에 관한 내 견해를 완전히 뒤집어야 한다면, 나는 최선을 다해 그 지적을 받아들일 것이라고 말했다. 나는 "만일 내가 전에 말했던 내용이 틀렸다는 것을 인정해야 하더라도, 여기 있는 사람 가운데 그 누구도 배신감을 느껴서는 안 됩니다."라고 덧붙였다.

그것은 단지 나를 변호하기 위한 수사법은 아니었다. 나는 대화를 즐겼을 뿐만 아니라, 그렇게 하는 것이 필요했다. 의견이 다른 사람과 대화를 주고받는 것이 내가 배우는 길이다. 수십 년이 넘는 내 지적 여정 가운데 나는 내 생각을 수차례 바꿔 왔다. 나는 지적으로—그리고 보다 구체적으로는 신학적으로—약간 혼란스러운 것에 익숙해지는 법을 배워 왔다.

그러나 나는 '혼란스러움'을 신학에 적용하는 것이 위험할 수 있다는 것도 알고 있다. 그렇기 때문에 나는 항상 그것을 신비와 밀접하게 연결하는 것이 필요하다고 생각한다. 나는 엉성한 신학을 피하기 위해서 그렇게 한다. 내가 가치 있게 여기는 흔들림은 애매한 생각들을 지지하는 것이라기보다는 약간의 긴장 관계에 있는 서로 다른 분명한 생각을 모두 받아들이는 것이다.

삼위일체 신학이 위의 주장에 대한 적절하고 좋은 사례다. 삼위 하나님께는 세 위격이 있는데, 세 위격이 별개의 하나님은 아니시다. 하나님께서는 세 위격들 가운데 계신 한 분이시다. 이런 방식으로 말하는 것이 정통 신학을 견지하며 설명하는 것이다. 그러나 이것이 내게는 다소 혼란스럽기도 하다. 만일 내가 삼위일체 중 '한 하나님' 부분을 너무 크게 강조한다면, 나는 성부, 성자, 그리고 성령이라는 세 개의 직함들이 한 존재에 대한 다른 직함이라는 견해인 양태론자modalist처럼 보일 것이다. 그러나 만일 내가 반대로 세 위격을 너무 많이 강조한다면, 나는 완전히 다른 세 존재의 하나님께서 계신다는 견해인 삼신론자tri-theist처럼 보일 것이다.

그래서 나는 완벽하게 일관성 있는 방식으로 이들을 서로 조화되게 만드는 법을 정확히 알지 못해 균형을 유지하는 가운데 두 개의 간단한 신학적 주장—한 하나님, 세 위격들—을 고수한다. 신학적 이해를 말로 표현하는 데 약간의 혼란스러움을 허락하면서, 나는 영원하신 삼위일체의 신비에 대한 경외심을 유지할 것이다.

대부분의 기독교인은 삼위일체 교리에 대하여 비슷하게 접근할 것이다. 우리가 균형을 유지하는 한 쌍의 다른 가르침들에도 거의 같은 것을 적용할 수 있다. 나사렛의 예수님께서는 완전한 하나님이셨고 완전한 사람이셨다. 하나님께서는 모든 것들을 주권적으로 다스리시며, 동시에 우리 인간들은 우리가 하는 선택을 책임진다.

　혼란스러움을 수용하다가 몇 가지 위험 경보들을 울리게 만들 수 있는 몇 가지 영역이 있는데, 이미 간단하게 언급했지만, 나는 자진하여 그 가운데 몇 가지 경보를 울리게 했다. 그것은 구원의 측면에서 누가 '안에' 있고 누가 '밖에' 있는가와 같은 내용이다. 오늘날 타종교를 언급하면서 제기되는 이런 쟁점들은 특히 가슴이 아프다. 나는 종교간 대화에 적극적으로 참여해 왔고, 다음 장에서 그 주제에 초점을 맞추어 논의할 생각이다.

10장
친근한 대화

나는 2000년부터 모르몬교도Mormon와 복음주의자 사이의 대화를 공동으로 기획해 왔는데, 한 지역교회가 그것을 주제로 한 평일 저녁 강좌에 나를 초청했다. 나는 만약에 근방에 사는 모르몬교인들이 그 강좌에 참석한다면 초청을 수락하겠다고 대답했다. 그들은 기쁘게 찬성했고, 그 지역의 예수 그리스도 후기 성도 교회The Church of Jesus Christ of Latter-day Saints, LDS, 몰몬교의 공식 명칭—역주 교우들을 기꺼이 초청했다. 그들은 꽤 많은 수가 참석했다. 우리는 묻고 답하는 순서에 많은 시간을 할애했는데, 그 시간에 몇 가지 좋은 의견 교환이 이루어졌다.

강연 후에 간단한 다과 시간이 있었다. 이번에는 사려 깊게도 복음주의자들이 커피를 준비하지 않았다모르몬교도들은 카페인 음료를 마시지 않는다—역주. 많은 레몬 음료와 쿠키들이 있었고, 격식을 차리지 않은 친근한 대화들이 이어졌다. 모임 한쪽에서 대화를 나누고 있던 두 쌍의 부부가 나를 그들의 대화에 끌어들였다. 그들 가운데 한 복음주의자 여성이 말했다. "우리가 우리의 모르몬교도 이웃들을 만나도록 도와주셔서 감사합니다. 우리들은 바로 이웃집에서 10년을 살았는데, 서로 종종 마주쳤는데도 실제로 대화를 나눈 건 이번이 처음이었어요. 우리는 단지 서로를 알아가는 과정에서 어색함을 어떻게 깨야 할지를 몰랐어요. 그런데 이제는 우리가 만나서 같이 시간을 보내기로 약속했어요."

나는 '어색함을 깨는' 요소의 진가를 인정하게 되었다. 수십 년간 나의 관심사는 '엘리트들'—다양한 종교적 관점들을 연구하는 종교 지도자와 학자들—사이에서 일어나는 일종의 종교 간의 대화였다. 나는 그런 종류의 만남을 즐기고, 그것의 중요성에 대해서 인식—그리고 논쟁—한다.

그러나 서로를 이웃으로 받아들인 두 쌍의 부부가 그런 종류의 대화를 하는 데 능숙해 보이지는 않았다. 모르몬교의 사상을 기독교의 전통적 이해들과 비교할 때 중요한 많은 주제들에 관해 그들은, 설령 같은 신념을 가지고 있는 사람들에게조차도, 각자의 신념을 뒷받침하는 신학적 근거를 확실하게 설명할 수 있는 수준은 아닐 가능성이 있다.

물론, 우리는 우리 교우들에게 보다 상세한 신학 교육을 제공함으로써 이를 시정할 수 있을 것이다. 그래서 모르몬교 이웃들과 대화하거나 말할 때, 그들이 삼위일체 교리, 그리스도의 두 본성, 그리고 성경적 권위의 특성과 같은 것들에 대해 자세한 설명을 제시할 수 있게 하는 것이다.

그러나 나는 모든 경건한 신자들이 다른 신앙을 가진 사람과 대화하면서 그런 신학적 문제들에 대해 똑 부러지게 말해야 한다는 책임감을 가질 필요는 없다고 생각한다. 어찌 됐든 간에, 모르몬교도 이웃들을 처음 만났던 그 부부가 자신들의 '어색함 깨기'를 언급했던 것은 그런 것이 아니었다. 그들은 단지 모르몬교도 이웃과 일상적인 대화를 이어 가는 것이 어색했다. 예를 들어, 그들이 동시에 우편함 앞에서 만났다면 그때가 자신들을 소개할 수 있는 좋은 기회였던 것은 분명하다. 그리고 모르몬교도 여성이 "우리는 후기 성도 교회 소속입니다"라고 소개하면서 자신들 부부가 솔트레이크 시티에서 있었던 총회에서 막 돌아오는 길이라고 인사했다고 가정해 보자. 복음주의자 기독교인은 뭐라고 말할 수 있을까? "아, 잘 됐네요." 혹은 "음, 우리는 성경을 믿는 그리스도인입니다."라고 할까? 그리고 그 대화는 어떤 이야기로 이어져야 할까?

실제 사례 하나를 살펴보자. 한 복음주의자 사업가가 내게 전화를 걸어 복음주의와 모르몬교에 관해서 물었다. 그는 말하기를, "저는 당신이 주도하는 모르몬교인과 복음주의자의 대화를 알고 있습니다. 그리고 저는 현실적인 조언이 필요합니다."라고 했다. 그의 동업자 가운데 한 사람은 후기 성도LDS였고, 그들은 종종 점심을 같이 먹으면서 그들의 사업에 대해서 대화를 나누었다. 그는 말했다. "그는 제가 복음주의자란 걸 알고 있습니다. 그리고 며칠 전 그는 식사를 시작하기 전에 우리를 위해 기도하고 싶다고 말했습니다. 그의 기도는 제가 평소에 드리던 기도와 별 차이가 없었습니다. 그래서 저는 의문에 빠졌습니다. 다음에 우리가 식사를 같이할 때, 제가 식사 기도를 드리겠다고 해야 할까요? 아니면 그렇게 하는 것은 믿지 않는 사람과 일종의 타협을 시도하는 것이 될까요?"

나는 그가 동료와 함께 기도하는 것을 찬성했고, 그 동료에게 자신의 삶에서 기도의 역할에 관해—적당한 때에—물어보라고 권유했다. 그가 예수님에 대해 이야기하는 것을 두려워할 필요가 없다. 대화 가운데 그가 신학적 논쟁에서 승리해야 한다고 마음먹을 필요도 없다. 단지 후기 성도 교회 친구가 예수님과 인격적인 관계를 맺는 것의 의미를 이해하는 방식에 진정으로 관심이 있다는 것을 보여 주는 것만으로도 좋은 일이다.

만일 그가 원했다면 나는 읽으면 유익한 책을 추천해 주었을 것이다. 테리 머크Terry Muck의 *Those Other Religions in Your Neighborhood: Loving Your Neighbor When You Don't Know How*당신 이웃에 있는 다른 종교들: 어떻게 해야 할지 모를 때, 이웃을 사랑하기라는 책이다.[1] 책의 제목이 그 책의 내용을 표현하고 있다. 사람이 다른 신앙을 가진 누군가와 사랑하는 관계를 맺기 위해 재능 있는 신학자가 될 필요는 없다. 좋은 이웃이 되는 것은 단지 배워야 할 일이다. 이런 관점에서 갖추어야 할 핵심적인 특성은 일종의 영적 **공감**—즉 이

---

1. Terry C. Muck, *Those Other Religions in Your Neighborhood: Loving Your Neighbor When You Don't Know How* (Grand Rapids: Zondervan, 1992).

웃이나 직장에서 그 사람에 대해 진정으로 더 알기 원하는 것—이다.

공감적 배우기[2]

종교 간의 대화에 참여하면서 나는 더 전문적인 방식의 종교 간의 대화에 열심히 참여하는 사람들 사이에서 잘 알려진 짧은 글에서 크게 도움을 받은 경험이 있다. 그것은 레너드 스위들러Leonard Swildler 의 *Dialogue Decalogue*대화의 십계명인데, 이 글에서 그는 종교 간의 대화에 유용한 열 가지 원리들을 설명한다.[3] 여기서 스위들러의 '계명들' 모두를 다루지는 않겠지만, 그가 말했던 것들 가운데 몇 가지는 우리가 이웃들과 대화하는 데 잘 적용된다. 예를 들어, 그는 겸손히 배우려는 자세를 가지고 우리 자신의 관점과는 다른 측면에서 접근할 필요가 있다고 강조한다. 당연히 이것은 복음주의자들에게 적용하기가 쉽지 않은데, 특히 우리가 대부분 다른 종교들을 대하면서 항상 오직 구원에 관한 질문에 초점을 맞추기 때문이다. 우리는 인류가 오직 예수 그리스도의 속죄 사역을 통해서만 하나님과 화해할 수 있다고 바르게 주장했고, 종교적 상대주의 혹은 통합주의로의 움직임

---

2. 이 단락의 일부분은 출판사(애빌린 기독 대학교 출판부)의 허락을 받아 다음의 글에서 차용했다. Richard J. Mouw, "Cultivating Intellectual Humility," in *Virtue and Vice*. Copyright © 2018 by Dr. Richard J. Mouw.

3. "Dialogue Principles," *Dialogue Institute and Journal of Ecumenical Studies*, http://institute.jesdialogue.org/resources/tools/decalogue.

에 저항했다.

다시 말하지만, 다른 종교들과 관련하여 생각할 때 이러한 걱정들은 중요한 것이다. 그러나 그렇다고 해서 우리가 다른 신앙을 가진 사람들과 대화함으로써 중요한 문제들에 관한 진리에 이르는 통찰을 얻을 수 있는지 여부를 묻는 것조차 금지해서는 안 된다.

스위들러의 계명들은 대부분 공감의 필요성을 그 근간으로 삼는데, 공감은 다른 사람들의 감정과 걱정을 마치 자기 자신의 것처럼 경험하는 능력이다. 나는 기독교적 공감을 우리 자신의 마음과 생각 가운데 다른 사람들의 경험과 확신을 위한 '공간을 만들고자 하는' 의지를 품는 영적인 환대로 생각하기를 좋아한다. 게다가 우리 기독교인들은 이런 종류의 환대를 양성하는 데 특별한 이점을 가지고 있다. 우리는 우리 자신이 유한한 피조물임을 알고 있다. 하나님께서는 신이시고, 우리는 인간이다. 이것은 우리가 전지전능함에 크게 미치지 못한다는 것을 의미한다. 그리고 이 모든 차이는 우리의 죄로 물든 반역 때문에 엄청나게 증폭되었다.

나는 우리가 다른 신앙을 가진 사람과 진실하게 대화하다 보면 가끔 그들에게서 진실한 영적 통찰을 얻는다는 것을 개인적으로 확신하게 되었다. 이 주제에 관해서 몇몇 복음주의자 동료들이 내 의견에 완전히 동의하지는 않는다 하더라도, 다른 사람들이 자신들의 삶에서 기독교인의 존재를 경험하는 방식을 우리가 배울 수 있다는 것에는 의문의 여지가 없다.

이 지점과 관련해서 개인적인 경험을 하나 소개하겠다. 전에 한 랍비가 나와 함께 참여하는 수정헌법 제1조종교, 언론, 집회의 자유 등을 정한 미국의 헌법조항—역주에 관한 기획을 논의하기 위해 풀러 신학교의 총장이던 나의 집무실로 찾아왔다. 우리는 한 시간이 넘게 만났는데, 그것은 유익한 시간이었다. 대략 일주일이 지난 후에 그는 내게 중요한 만남을 갖게 해 주어서 감사하다는 내용의 메모를 남겼다. 그는 나를 만나기 위해 내 사무실에 처음 왔을 때 두려웠다고 고백하고 싶어 했다. 그는 미국 중서부에 있는 작은 마을에서 성장했고, 그의 가족은 그 마을에서 유일한 유대인 가정이었다. 그는 공립학교에 다녔는데, 그의 선생님은 매일 학생들에게 "일어서서 주기도문으로 기도합시다"라고 말하는 것으로 하루를 시작했다. 그런데 그는 이미 그의 가족이 다니는 근처 도시에 위치한 회당에서 랍비로부터 서서 기도하지 말라는 지시를 받았다.

그가 매일 기도에 불참하는 것은 눈에 띄는 일이었고, 다른 아이들은 종종 운동장에서와 하굣길에 그를 '그리스도 살인자'라고 부르며 괴롭혔다. 그는 복음주의 신학교의 총장을 만나기 위해 그 학교를 방문해야 한다는 말을 들었을 때 어린 시절의 공포가 되살아났다고 했다. 풀러 신학교 교정에 도착했을 때 그는 "식은 땀이 났어요!"라고 알려주었다. 그리고 자신의 이야기를 들려주고는 내게 "기독교인과 함께 있는 것을 편안하게 느끼도록 해 주셔서" 감사하다고 말했다.

우리 기독교인들은 이런 이야기들에 귀를 기울여야 한다. 어떤 면에서 우리는 다른 신앙 공동체의 사람들이 품고 있는 정당한 두려움을 해결해야 한다. 지난 2000년 넘게 우리는 종종 유대인들을 끔찍하게 대해 왔다. 그리고 무슬림 공동체는 과거에 그들에게 맞섰던 '십자군'에 대한 기억을 가지고 살고 있다. 또한 일리노이주 카르타고의 감옥 안에서 모르몬교의 창시자 조셉 스미스Joseph Smith를 살해한 자경단을 만든 것도 기독교인 남자들이었다.

우리는 비기독교인들과의 대화에서 활용할 수 있는 몇 가지 공감적 경청법을 가지고 있다. 그들에게 사랑의 구원자를 믿는 우리의 신앙을 소개하려고 할 때 수용할 수 있게 하는 일종의 신뢰 관계를 쌓는 데 필요한 사역을 해야 하는 것처럼, 우리는 다른 사람들의 이야기를 들음으로써 우리 자신을 더 잘 이해할 수 있게 된다.

고등학생 시절의 상처 치유하기

2004년 11월 어느 주일 저녁, 나는 솔트레이크 시티Salt Lake City에 있는 모르몬교 장막 성전 연단에서 8분가량 말할 기회가 있었다. 나는 여기서 그 행사에 관해 자세히 다루지는―이 행사와 관련해서 상당히 길게 쓴 다른 글이 있다[4]―않을 것이다. 그 행사의 기본적인 내용은 모르몬교와 많은 복음주의자들이 함께 모여 라비 자카리아스Lavi Zacharias로부터 복음의 본질에 관한 강연을 듣는 것이었다. 그리

---

4. 자세한 내용은 다음을 참조하라. Richard J. Mouw, *Talking with Mormons: An Invitation to Evangelicals* (Grand Rapids: Eerdmans, 2012).

고 나를 초청한 모르몬교 관계자는 내게 행사 시작을 알리는 인사말을 요청했다.

그날 저녁 내가 언급했던 내용은 복음주의 진영에서 꽤나 시끄러운 논란을 일으켰다. 나는 그 자리에 참석한 모르몬교도들에게, 우리 복음주의자들이 후기 성도 교회LDS 교인에게 직접 묻기보다는 그들이 믿고 있는 것을 넘겨짚음으로써 모르몬교 사람들에게 잘못을 저질러 왔음을 사과했다. 나는 그 행사가 서로를 보다 사랑하고 더 신뢰하는 데 중요한 걸음이 될 것이라고 덧붙였다.

역시나 많은 복음주의자들은 회개하는 어조의 음성을—"우리는 여러분에게 죄를 지었습니다"를—무척 당황스럽게 여겼다. 나는 무슨 생각으로 복음주의자들을 대표해서 모르몬교도들에게 사과하는 일을 스스로 떠맡았을까?

나는 여전히 그렇게 말하기를 잘했다고 생각한다. 비록 몇몇 복음주의자들의 성난 반응이 약간 거슬리기는 했지만, 나는 한 통의 이메일로 가혹한 공격들보다 더 크게 보상을 받았다. 그 이메일은 장막 성전에서 있었던 그 행사가 끝나고 얼마 지나지 않아서 한 모르몬교도 대학생이 보낸 것이었다. 그녀는 잠을 이룰 수 없었다고 했다. 그녀는 감사의 눈물을 흘렸고, 그 이유를 내게 말해 주고 싶어 했다.

고등학교에 입학해서 첫 2년을 보내는 동안, 그녀는 두 명의 복음주의자 여학생들과 가까운 친구가 되었다. 어느 날 학교 식당에서 그들은 그녀가 식사 전에 기도하기 위해 머리를 숙인 것을 눈여겨보았고, 그녀에게 다가왔다. 그때부터 그들은 함께 점심을 먹었고, 그들은 가끔 성경 말씀을 읽고 그 하루를 하나님께서 인도해 주시기를 기도하려고 수업 시작 전에 한자리에 모였다.

그녀는 2년간 지속되었던 그 우정이 자신의 십 대 초반 시절의 황금기였다고 말했다. 그런데 어느 월요일 그녀의 두 친구가 찾아와서 이제는 그녀와 아무것도 함께할 수 없다고 말했다. 주말 동안 그들은 교회에서 모르몬교에 관하여 복음주의 이단 대책 전문가의 강연을 들었다. 그 강연자는 그들이 모르몬교를 거짓 예수님을 숭배하는 이단 사이비라고 확신하게 만들었다. 그들은 모르몬교도들이 자신의 신앙에 대해서 말하는 것을 액면 그대로 받아들이면 안 된다는 그 전문가의 경고를 무시하며 지내왔던 셈이다. 그래서 그들은 이제라도 그녀와의 우정을 끝내려고 한 것이다.

그녀는 친구들의 행동이 자신에게 엄청나게 큰 성신적 충격을 주었다고 했다. 그녀는 예수님을 사랑했고, 또한 예수님을 사랑하는 두 친구와 함께 지내면서 큰 격려를 받았다. 고등학교에서 남은 2년 동안 그들은 그녀와의 모든 접촉을 피했다. 그 시간은 그녀에게 영적으로 외롭고 고통스러운 기간이었다.

그녀는 장막성전에서 있었던 우리의 저녁 행사에서 깊은 감동을 경험했다. 그녀는 복음주의자가 "우리가 당신들에게 죄를 지었습니다"라고 모르몬교 공동체를 향해 말하는 것을 들으면서 감정적이고 영적인 치유의 시간을 경험할 수 있었다.

나는 내게 전해진 그녀의 이야기를 통해 복음주의자들이 모르몬교도들에게 죄를 지었다는 고백이 틀리지 않았음을 확신할 수 있었다. 모르몬교를 사탄 숭배라고 규정했던 대담한 선언은 예수님의 두 여학생 제자들과 함께하고 싶었던 어린 십대에게 상처를 입혔다. 그 녀는 자신의 친구들로부터—그리고 보다 구체적으로 그런 종류의 사상을 친구들에게 강요했던 지도자들로부터—그런 대접을 받아야 할 이유가 없었다.

저명한 G. K. 체스터턴Chesterton은 "우상 숭배란 단순히 거짓 신을 세우는 것뿐만 아니라 거짓 악마를 세우는 것을 통해 행해진다"는 것을 알았고, 그것을 잘 표현했다.[5] 이웃들의 믿음에 대한 거짓 증언을 확실하게 피하는 최상의 방법은 그들의 신앙에 대한 그들 자신의 설명을 주의 깊게 경청하는 것이다.

다른 사람들 곁에 서기

나는 신학에서 어떤 관점이든 괜찮다고 믿는 상대주의자가 아니다. 특히 하나님께서 어떤 분이시며 사람이 하나님과 올바르게 지내는 데 필요한 것은 무엇인가와 같은 궁금증이 생길 때 무엇을 삶의 기본적인 쟁점들로 선택해야 하는지를 꽤나 신경 쓰는 편이다. 그리고 나는 우리의 죄를 속량하기 위해 갈보리의 십자가에서 돌아가시

---

5. G. K. Chesterton, I*llustrated London News*, September 11, 1909; 다음에서 인용했다. "Quotations of G. K. Chesterton," American Chesterton Society, http://www.chesterton.org/quotations-of-g-k-chesterton.

고, 죽음에서 부활하시고, 하늘 보좌로 승천하셔서, 거기로부터 마침내 영광 가운데 나타나셔서 다시 오실 분으로 하나님께서 보내신 구원자 예수님을 제시하지 않고서는 그런 문제들을 다루는 깊이 있는 논의에 참여할 수 없다. 나는 이것을 나의 온 마음을 다해 믿는데, 내가 이렇게 믿는 이유는 우리에게 절대적으로 옳은 하나님의 말씀이며 우리가 삶을 살아가면서 인식해야 할 하나님의 뜻에 대한 모든 것을 말해 주는 성경이 그렇게 가르치기 때문이다.

그러나 이 가운데 어떤 것도 공감하는 마음을 가지고 다른 사람들에게 다가설 필요나 다른 사람의 입장에 서기 위해 최선을 다해 노력할 필요를 상쇄시키지 않는다. 사실 복음의 진리에 대한 우리의 확신이야말로, 우리가 자유롭게 다른 종교인들이 제기하는 질문들—깊은 질문들—을 살피고 그 질문들에 대한 올바르고 심지어 설득력 있는 답변들을 그들의 종교적 틀에서 어느 정도나 받아들일 수 있는지를 그들과 함께 탐구할 수 있게 해 준다.

진실한 소통을 가능하게 하는 신뢰 관계를 만들어 가기 위해, 나는 다른 신앙을 가진 사람들에게 공감적으로 다가가는 것이 필요하다고 믿는다. 그리고 이것은 결국 어떤 흥미로운 대화마저도 차단시켜 버리고—우리 이웃에게 거짓 증언하는 죄를 범하는 것은 말할 것도 없다—말싸움에서 승리를 얻으려는 우리에게 너무 자주 다가오는 유혹을 치워 버리는 것을 뜻한다. 이런 대화들의 진짜 목적은 복음을 다른 신앙을 가진 사람들의 마음 깊은 곳까지 도달하게 하는 더 나은 방법을 우리가—우리가 복음을 구원하고 고치는 능력으로 우리의 마음 깊은 곳까지 도달했던 그 방식으로 증언할 기회를 얻으리라 소망하며—
이해하는 것이다.

적절한 다른 사례

나는 다른 사례를 살펴보는 것을 통해 공감하기에 관한 주장을 조
금 더 밀고 나가 보겠다. 2017년 2월, 워싱턴의 국가조찬기도회 주최
측이 '무슬림과 예수'라는 조찬 세미나를 개최했다. 약 200명의 사람
이 모인 그 행사에 나도 참석했다. 토론자 가운데 한 무슬림은 자신을
'예수님을 따르는 무슬림'이라고 묘사했다. 그는 자신이 진실하고 독
실한 이슬람 신자임을 우리에게 납득시켰다. 그러나 그는 또한 정기
적으로 예수님의 삶을 설명하는 복음서를 읽고 있다고 고백했다. 그
는 신약성경이 자신의 삶에서 중요한 부분이 되었다고 말했는데, 그
이유는 예수님께서 그에게 사랑과 용서에 관한 교훈을 가르치심으로
써 자신이 꽉 붙들고 있던 무슬림 신앙에 있는 새로운 측면을 깨닫게
해 주었기 때문이다. 그는 예수님 때문에 "나는 무슬림을 더 사랑하
고 용서하게 되었습니다"라고 말했다.

이 발표자의 청중들은 대부분 복음주의자였는데, 토론이 진행되다
가 방청객의 질문이 허락되자 갑자기 한 사람이 그 무슬림 발표자에
게 이렇게 도전해 왔다. "그러나 무슬림 당신들은 십자가 사역의 사
실성을 부인하잖아요! 예수님의 속죄 사역에 대해 신약성경이 말하

는 것을 부인하면서, 어떻게 예수님을 따른다고 말할 수 있습니까?"

그 무슬림은 거의 애원하는 어조로 대답했다. "왜 기독교인 여러분들은 항상 그렇게 빨리 그 주제로 전환해 버립니까? 맞습니다. 우리 무슬림들은 예수님의 십자가 사건이 실제로 일어났는지에 대해 의문을 품고 있습니다. 그러나 그것이 당신에게는 왜 그렇게 중요합니까?" 그리고 그는 자신 옆에 있던 중동 지역에서 사역하는 복음주의자 선교사를 지목했다. "여기 있는 내 기독교인 친구는 무슬림들에게 10년 동안 십자가에 대해 설교했습니다. 그가 얻은 결실이 무엇인지 아십니까? 회심자가 여섯 명 정도뿐입니다. 십 년 동안 여섯 명이요! 그런데 만일 그가 무슬림들에게 사랑과 용서의 예수님을 배우기 위해 복음서를 읽으라고 독려했더라면, 수천 명의 신약성경을 읽는 무슬림을 배출했을 겁니다!"

나는 그 대화의 성격이 너무 빨리 논쟁적으로 바뀐 것이 아쉬웠다. 나는 다르게 진행되기를 바랐다. 우리는 무슬림 참석자에게 왜 그가 예수님을 매력적인 분으로 이해했는지를 더 구체적으로 물어볼 수 있었다. 사랑과 용서에 대한 예수님의 가르침이 그가 쿠란Qur'an: 코란—역주에서 이해한 내용을 어떻게 현실적인 방식으로 확장시켰을까? 그의 깊은 갈망과 두려움에 대해 예수님께서, 혹 그런 게 있다면, 별개의 방식으로 말씀하셨을까? 적어도 우리는 누군가를 비난하고 자극하는 방식으로 수세에 몰지 않고도 대화가 계속해서 유지되도록 해야 한다.

분명히 말하지만, 우리는 십자가의 복음이 주어지는 방식이 믿지 않는 자들에게 '거리끼는 것'이라는 사실을 무시해서는 안 된다고전 1:23. 그러나 우리는 또한 십자가 사역을 사람들이 지성적으로 분명하게 이해하지 못하더라도, 그들이 갈보리에서 성취된 구속 사역을 통해 유익을 얻는 방식을 허락해야 한다. 그럼에도 불구하고 현실적으로, 그 무슬림 참석자는 예수님을 통해 경험했던 사랑과 용서가 오직 ―예수님께서는 실제로 무슬림의 하나님 경험에서 나타나는 영적인 간극을 언급하셨다―예수님께서 그분의 속죄 사역으로 성취하셨기 때문에 가능해졌음을 깨닫지 못했을 가능성이 있다.

헤르만 바빙크J. H. Bavink는 이슬람 전문가이자 네덜란드 신학자였다. 그는 다음과 같이 주장했다. "이슬람에는 하나님과 인격적으로 교제하는 삶을 위한 공간이 거의 없습니다. 알라는 워낙 위대하고, 너무 고귀하며, 그의 뜻은 완전히 우위에 있기 때문에, 인간의 역할은 아주 조금만 남게 됩니다."[6] 그렇기 때문에 무슬림들이 이슬람에서 자체적으로 제공하는 것 이상의 특별한 무언가를 얻기 위해 예수님께 주목할 수 있다는 사실에 놀라서는 안 된다.

많은 사람들이 선교사이자 인류학자인 폴 히버트Paul Hibert가 '유계有界 집합bounded sets'과 '집중集中집합centered sets'으로 나누어 구분한 것에 영향을 받았다. 유계 집합에 속해 있는 것들은 꽤 분명하다. 여기에 속하기 위해서는 분명하게 한정할 수 있는 특징들과 연관

---

6. J. H. Bavinck, "Defining Religious Consciousness: The Five Magnetic Points," in *The J. H. Bavinck Reader*, ed. John Bolt, James D. Bratt, and Paul J. Visser, trans. James A. De Jong (Grand Rapids: Eerdmans, 2013), 181.

된 요구 조건들이 있다. 예를 들어, '사과'와 '오렌지'가 유계 집합들이다. 그러나 집중 집합은 "중심을 정의한 다음, 그 중심과 사물의 관계성을 통해 만들어진다. 중심으로부터 멀리 떨어져 있지만, 중심을 향해 움직이는 어떤 것들은 결국 집중 집합이 된다." 그러나 그는 "그 중심에 가까이 있지만, 중심으로부터 떠나고 있는 대상들"은 집중 집합이 아니라고 말한다.[7]

이것이 우리가 언급한 무슬림 참가자에게 어떻게 적용될 수 있을까? 우리는 구원의 측면에서는 그가 '안에' 있다고 분명하게 말할 수 없다. 그러나 예수님에 대한 그의 고백은 그가 예수님으로부터 떠나기보다는 예수님을 향해 움직이고 있을 가능성을 열어 놓는다. 이것이 내가 정말로 신비를—심지어 복음의 기본 원리에 대해 대화를 계속하는 것이 중요하다는 것을 알면서도—품고 머무르고 싶은 또 다른 신학적 관심 영역 가운데 하나다.

---

7. Paul G. Hiebert, "Conversion, Culture and Cognitive Categories," *Gospel in Context 1* (1978): 24-29.

11장
기독교인 '타자'의 신비

어떤 기자가 기독교의 교양에 대한 내 견해가 담긴 책을 취재하려고 나를 찾아왔다.[1] 그는 "당신은 다양한 자리에서 '유죄 판결을 받은 교양'을 다루어 오셨습니다. 그 가운데 개인적으로 예의를 지키기 가장 어려웠던 환경은 어디였습니까?"라고 물었다. 나는 "기독교 공동체 안에서 입니다"라고 답했다. 나는 비기독교인들과 긴 논쟁을 하면서 그들의 마음을 바꾸는 데 성공하지 못했을 경우에도 좌절하지 않았다. 나는 칼빈주의자다. 나는 진정한 변화는 오직 성령님의 능력으로만 가능하다는 것을 알고 있다. 그런 대화에서 나의 책임은 성령님께서 내게 주시기를 원하시는 교훈을 배우고 기독교의 가르침에 대

---

1. 그리스도교 교양에 관한 이 부분의 내용은 출판사의 허락을 받아 다음의 책을 참조했다. Richard J. Mouw, "Cultivating Christian Civility," *The Banner*, June 16, 2016, https:// www.thebanner.org/ features/ 2016/ 06/ cultivating-christian-civility. © 2016. The Banner, Christian Reformed Church in North America. All rights reserved.

한 오해를 없애는 것이다. 주님께서 그분의 목적에 따라 그 모든 것을 사용하실 것이다.

그러나 기독교 공동체 안에서는 상황이 달라진다. 그 안에서 우리는 마음과 생각이 새롭게 되어 진리를 분명하게 보게 되리라 예상한다. 분명치 못한 신학은—명백한 신학적인 오류는 말할 것도 없이—교회의 생활과 사명에 심각한 손해를 가져온다. 우리가 그저 의견에 차이가 있는 것으로 인정할 수는 없는 영원히 중요한 문제들이 있다.

같은 신앙을 가진 사람들의 도전들

나의 여정에서 개인적으로 의미 있었던 일 가운데 하나는 내가 속한 신앙 공동체 안에서 이루어진 대화에 꽤 열심히 참여해야 했던 것이다. 여전히 나는 신앙적 우파에 있는 사람들과 그러한 노력을 계속하고 있다. 교양을 다루는 내 책에서 '교양'이 충분하지 않은 순간들이 내게도 있다는 것을 인정했다.[2] 주로 '복음주의자' 꼬리표를 달고 '성경적 남자다움'을 외치는 사람들을 만날 때나, 혹은 그들이 대중들에게 복음주의자들은 공공연하게 동성애혐오자이고, 인종차별주의자이고, 그리고 일반적으로 천박하다는 인식을 주는 태도나 정책들

---

2. Richard J. Mouw, *Uncommon Decency: Christian Civility in an Uncivil World*, 2nd ed. (Downers Grove, IL: InterVarsity, 2010), 135-47. [역주] 홍병룡 옮김, 『무례한 기독교』, IVP, 2014.

을 옹호할 때다. 이러한 까닭에 나는 편견을 갖게 만드는 가혹한 사람이라는 딱지가 내게 붙지 않도록 나를 대신하여 기도해 달라고 간청할 수밖에 없다.

내게 있는 또 하나의 큰—그러나 덜 강렬한—도전은 우리가 전형적으로 '교회 일치주의자Ecumenical'의 무대라고 부르는 꼬리표와 관련이 있다. 내가 종종 나보다 보수적인 사람들과는 이견이 있는 것처럼, 나보다 신학적으로 진보적인 사람들과도 많은 부분에서 이견이 있다. 나는 스스로를 중도라고 생각하고 싶지만 그러나 그것이 항상 좋은 것이라는 의미는 아니다. 나는 종종 더 보수적이거나 더 진보적인 기독교인들 모두의 관점을 다루면서 스스로가 너무 반동적reactionary, 어느 쪽이든 반대한다는 뜻—역주이라는 사실을 발견한다. 신앙이 같은 사람들 안에 참여하면서도 내 방식으로 일하는 가운데, 나는 내게 배우는 자세가 필요하다고 계속해서 상기시켜 주는 것이 필수라는 것을 깨달았다.

'교회 일치 운동Ecumenism' 배우기

세계 교회 협의회World Council of Churches, WCC의 한 직원이 풀러 신학교 캠퍼스에서 며칠 동안 머문 적이 있는데, 그가 방문 일정 막바지에 이르러서야 나를 찾아왔다. 그는 내게 자신이 경험한 것에서 감동을 받았다고 말했다. 그는 "매우 생동감 있는 기독교 공동체입니다. 최고의 교수진을 가지고 있고, 학생들은 놀랄 만큼 재능이 있습니다."라고 했다. 그리고 나서 그는 근심스럽게 이 말을 덧붙였다. "나는 단지 당신 학교의 사람들이 더 열심히 교회 일치 운동에 참여하기를 바랍니다!"

나는 그의 불평을 어떻게 생각하는지 말하고 싶었으나 참았다. 나는 그에게 풀러가 아마 세계 최고로 교회일치를 추구하는 신학교라고 말하고 싶었다. 그곳에는 미국 주류 개신교단장로교, 감리교, 루터교, 성공회, 그리스도의 제자교회, 침례교회에서 온 많은 학생들과 약간의 로마 가톨릭교인 학생들을 포함해서 70개국, 120개 교단에서 온 학생들이 있다. 우리가 어떻게 그보다 더 교회 일치 운동적으로 될 수 있을까?

나는 물론 그가 '교회 일치 운동'이라는 꼬리표를 통해 의도했던 것이 무엇인지 안다. 그는 우리가 보다 조직적으로 '기관적 교회 일치 운동'—세계 교회 협의회, 전국 기독교 교회 협의회, 다양한 신앙고백 전통들 안에 있는 공식적인 연합 기구들—에 연결되기를 기대했다.

나는 북미 개혁교단Christian Reformed Church in North America, CRCNA의 대표로 5년 동안 전국 기독교 교회 협의회에서 비회원 교단에 배정되는 자리 가운데 하나인 신앙 질서 위원회에서 활동하면서 그 세계를 잘 알 수 있게 되었다. 나는 그 모임에서 몇몇 좋은 친구들을 만났고, 여러 개의 공식 보고서를 작성하기도 했다. 그러나 내가 전반적으로 복음주의자들이 더 많이 관여했으면 좋겠다고 느끼지 않았다고는 못하겠다.

사실 나는 교회 일치 운동 기구에서 활동했던 이 경험 때문에 미네소타주 칼리지빌Collegeville에 위치한 교회 일치 운동과 문화 연구를 위한 연구소Institute of Ecumenical and Cultural Research에서 '교회 일치 운동의 의미'라는 주제로 일주일간 진행되는 세미나에 참여해 달라는 초대를 받아들이는 것이 주저되었다. 그러나 그 연구소의 대표인 밥 빌하이머Bob Bilheimer가 나를 설득해 냈고, 나는 결국 참석하기로 결정했다. 밥은 7년 동안 제네바에서 세계 교회 협의회의 지도자로 섬기다가 칼리지빌로 왔는데, 그곳에서 열리는 세미나에 대한 그의 확신이 내 흥미를 불러일으켰다. "걱정 마세요. 세계 교회 협의회나 미국 기독교 교회 협의회처럼 진행되지는 않을 테니까요!"

그가 옳았다. 첫째 날 각 사람들에 대한 소개를 마치고 우리들은 각자 처음 접했던 교회 일치 운동 행사를 묘사하도록―'교회 일치 운동'으로 우리가 이전에는 호의적으로 여기지 않았던 기독교 세계의 어딘가에서 온 누군가와 함께 좋은 경험을 하는 뜻밖의 즐거움을 이해해야 한다는 설명과 함께―요청받았다.

'교회 일치 운동'에 대한 설명을 들었을 때, 1957년 매디슨 스퀘어 가든에서 열렸던 빌리 그래함의 복음전도 집회에서 내가 '앞으로 나갔던' 경험이 갑자기 떠올랐다. 그 집회의 관례는 그래함이 자신의 복음으로의 초청을 수용해서 자기 앞에 모인 사람들을 위해 기도하고, 그런 다음 우리에게 다가오고 있던 자원봉사자들과 함께 좀 더 조용한 장소로 가서 잠시 동안 기도하는 시간을 갖도록 격려하는 것이었다. 그날 내게 손짓한 자원봉사자는 클레리컬 칼라clerical collar, 교역자가 양복이나 예복에 갖추어 입는 밴드 형태의 빳빳한 칼라―역주를 입고 있었다.

클레리컬 칼라는 내가 성장했던 복음주의 세계에서는 흔한 것이 아니었다. 실제로, 우리가 그런 옷을 입고 있는 사람을 봤을 때는 즉시 로마 가톨릭이나 자유주의liberal 개신교—우리가 기독교의 한 종류로 인정할 수 없었던 대표적인 것—가운데 어느 한쪽에 속한 사람으로 간주했다.

클레리컬 칼라가 달린 옷을 입고 있는 누군가와 대화하고 기도하라는 초대에 응답한 것은 그 자체로 내게는 신앙적으로 위험한 행동이었다. 그러나 그것은 잘한 일이었다. 그 남자는—내게 자신의 이름을 말해 준 기억은 있지만, 어떤 교회를 대표했는지 몰랐다—진심을 담아 친절하게 내게 예수님의 사랑에 대해서 이야기했고, 내가 신앙의 여정에서 지나는 십대 동안 주님께서 인도해 주시기를 기도했다.

이 이야기는 칼리지빌 협의회를 위해 모인 20여 명의 다른 사람들과 크게 다르지 않았다. 모든 증언들은 하나님께서 우리 각자를 긍정적인 만남을 통해 마주하게 하신 굉장히 실질적인 상황에 관한 것이었고, 그 만남으로 우리는 이전보다 더 많은 사람들을 같은 신앙의 영역에 속한 사람으로 이해하게 되었다.

가시적 연합[3]

나는 미국 기독교 교회 협의회에서 경험한 다소 부정적이었던 기억뿐만이 아니라, 복음주의 진영에서 여러 교회 일치 운동의 공식 회의에서 나온 결과물을 다양하게 비판하는 것 들어 온 이력을 가지고 칼리지빌의 논의에 참석했다. 호튼 대학Houghton College 졸업반 시절에, 나는 작성하고 있던 수업 과제와 관련된 책을 읽으면서 그 책에 담긴 사상의 흐름을 따라갔다. 그 과제물은 오래전에 잃어버렸지만, 나는 1958년에 출판된 마르셀리우스 킥Marcellus Kik의 *Ecumenism and the Evangelical*교회 일치 운동과 복음주의자라는 장편에 많이 의존했음을 분명하게 기억한다. 개혁교회 목사이자 신학자인 킥은 프린스턴 신학교에서 신학 공부를 시작했지만, 1929년에 J. 그레샴 메이첸 Grasham Machen이 프린스턴을 떠나 필라델피아에 새로운 학교 웨스트민스터 신학교를 설립했을 때 옮겨갔다프린스턴 신학교의 다수 교수들이 진보적 신학을 받아들이자 정통 개혁주의를 고수하는 교수들이 갈라져 나와 웨스트민스터 신학교를 설립했다—역주.

조직을 합치려는 '교회 연합'에 반대하는 킥의 논제들은 그 당시의 내게 좋은 인상을 주었고, 실제로 그 주제에 관한 내 생각에 지속적

---

3. Parts of this section are adapted from Richard J. Mouw, "Response to Dr. Reno," in *The Gospel of John: Theological-Ecumenical Readings*, ed. Charles Raith II (Eugene, OR: Wipf and Stock, 2017), 158-67. Used by permission of Wipf and Stock.

인 영향을 미쳤다. 몇 년 전에 그 책을 다시 읽었을 때, 나는 작은 교단들의 조직화를 통한 사역적 능률과 효과 모두에 초점을 맞추어 핵심 논제를 진술하는 그의 형식이 너무 잘 기억이 나서 놀랐다. 그는 "세계에 널리 퍼진 악마들을 쫓아내는 일에서 종종 더 작은 교단들이 더 큰 교단들보다 더 활발하게 활동한다는 증거가 있습니다. 기독교에서는 사역의 질이 양보다 훨씬 더 중요합니다."라고 주장했다. 그리고 그는 고대 이스라엘의 사례를 불러와서 "보다 효과적인 조직화와 효율을 위해 주님께서 작은 국가 이스라엘을 열두 부족으로 나누어 각자의 정부를 가지게 하셨습니다."라고 했다. 그는 이스라엘 민족이 자신들을 보다 가시적으로 연합시켜 줄 인간 왕을 원했을 때, 하나님께서 그들을 기뻐하시지 않으셔서 "마침내 두 왕국으로 나뉘게 되었습니다. …… 고대 이스라엘 백성들이 가시적인 중앙정부에 대한 열정을 가지고 얼마나 열심히 일치 운동을 시도했을지는 의문입니다."라고 말했다.[4]

그런데 킥은 요한복음 17장에 기록된 "그들도 하나가 되게 하옵소서"라는 예수님의 대제사장적 기도를 인용하면서, 성경에 실제로 기독교의 연합을 추구하라는 명령이 있다는 것을 인정하기 시작했다. 그리고 그리스도의 기도에 따라, 진정한 연합은 교리, 목적, 그리고 사랑의 연합인 아버지와 아들의 연합을 반영해야 한다고 긴 논의를

---

4. J. Marcellus Kik, *Ecumenism and the Evangelical* (Philadelphia: P& R, 1958), 23.

이어 갔다.[5] 이런 조건들이 갖춰지지 않는다면, 우리는 단지 거짓 연합을 이룬 것이다. 나는 여전히 그에게 동의한다. 요한복음 17장의 기도에서 다루어지는 교리와 사명을 인식하는 데 실패한다면 주요 교회 일치 운동에서 종종 제시해 온 '가시적 연합'에는 결함이 있는 것이다.

'가시적 연합'을 위한 많은 노력들에 있는 결함들은 우리의 분열된 상태를 유지하는 데 이용되기가 쉽다. 내가 칼리지빌에서 배운 것은 연합의 기반을 **찾으려는** 진지한 열망을 키우기 위한 몇 가지 믿음의 단계를 밟아 가는 것이었다. 내게 그 탐색은 그곳에서 만났던 두 사람과의 우정으로 구체화되었다. 그중 하나는 내 신학적 표현 몇 가지에 자주 반대를 표했던 로마 가톨릭 신학자 마가렛 오가라Magaret O'Gara와의 우정이다. 또 다른 친구는 나중에는 사제가 된 러시아정교회의 평신도, 앤서니 우골닉Anthony Ugolnik이다. 그들은 내가 살았던 곳과는 전혀 다른 종교세계에서 온 것처럼 보였다. 내 동료 네덜란드 칼빈주의자들이 있는 미시간주 그랜드래피즈로 돌아가기를 열망했던 그때의 기분이 여전히 기억난다. 두 사람에게서 들은 온갖 낯선 것들을 이야기해 주고 싶어서 말이다.

그런데 이 두 사람과 처음 함께 만난 후 수 개월이 지나서 재미난 일이 발생했다. 가끔 나의 칼빈주의자 동료—교수 혹은 설교자—중에서 누가 로마 가톨릭교회와 정교회 둘 다와 관련이 있는 무언가를 언

---

5. Kik, *Ecumenism*, 42-44.

급할 때, 나는 그것이 내가 칼리지빌에서 사귄 두 친구에게 들었던 견해들을 정확하게 표현한 것이 아님을 알았다. 내년 여름에 열리는 다음 회기의 토론에 참석하기 위해서 그 기관으로 다시 돌아가는 것에 찬성했을 때, 내게 새로운 종류의 열망이 생겨났다. 새롭게 얻은 두 대화 상대들에게 그들이 속한 전통에 대해 그랜드래피즈의 사람들로부터 들어 왔던 잘못된 정보에 대해서 이야기해 주고 싶어서 참을 수가 없었다. 그 두 사람은 내게 많은 것을 가르쳐주는 가까운 기독교인 친구들이 되었다.

혼란스러운 것을 기뻐하기

내가 앞 단락에서 설명한 교회 일치 운동에 참여했던 과정은 복음주의의 몇 가지 핵심 주제들을 보여 준다. 나는 우선 그것을 복음주의자들이 가장 이야기하기 좋아하는 주제motif인 일종의 회심의 경험으로 표현했다. 그러나 또한 내가 교회일치주의적 의식을 갖게 된 일을 매우 인격적인 만남들과 연결했다. 이것을 통해, 나는 **열망**의 존재가 가장 중요하다고 말하고 싶다. 우리의 대화들이 우리를 어디로 이끌어 가는지 정확히 알 수 없지만, 우리는 그 대화를 계속 유지하기를 **원해야** 한다.

앞서 소개했던 두 친구들로부터 내가 배운 각각의 교훈은 꽤나 달랐다. 오가라O'Gara는 로마 가톨릭교회에 깊이 헌신했는데, 그녀는 로마 가톨릭교회의 신념들을 명백하게 '복음주의적' 어조로 표현했다. 그녀는 옛날 복음주의 찬송가를 사랑했고, 그녀 자신의 영적 여정에서 그것들을 좋은 용도로 사용했다. 예를 들어, 나는 그녀가 기독교 연합을 위한 국가 토론회National Workshop on Christian Unity의 대표로 섬기던 시절에 그 회의에 참석한 적이 있다. 전체 모임 중 한 대목에서 매우 진보적인 신학자가 강연을 했는데, 그는 자신의 강연에서 세계 기독교 교회 협의회WCC의 선언문이 하나님을 '주Lord'라고 부른다고 비판했다. 그는 주권Lordship이라는 용어가 하나님께서는 '저 위' 높은 곳에 계시고 우리는 그 아래서 '가부장적 다스림'에 복종해야만 하는, 균형 잡히지 않은 우주의 그림을 강요하는 너무 '위계적인' 표현이라고 말했다.

나는 오가라와 함께 첫째 줄에 앉아 있다가, "정말 끔찍하군요."라고 그녀에게 속삭였다. 그러자 그녀는 이렇게 대답했다. "알아요. 그렇지만 참아요 리처드. 나는 대표로서 찬송가를 하나 골라서 부르려고요." 그 시간이 끝나갈 무렵, 그녀는 연단으로 가서 청중들에게 축도하기 전에 'How Great Thou Art'우리말 찬송가 79장 '주 하나님 지으신 모든 세계'—역주라는 찬송가를 부르자고 제안했다. 나는 그녀가 거기에 모인 사람들을 놀라우신 하나님의 초월성을 기념하는 찬송으로 인도하면서 내게만 살짝 보여 주었던 그녀의 미소를 결코 잊을 수 없다. 이제 그녀는 천국에 있지만, 나는 여전히 그 찬송가를 부르는 그녀를 떠올린다.

우골닉Ugolnik은 내게 신학적으로 더 어려운 상대였다. 그는 정교

회만이 '교회'라 불리기에 합당한 유일한 공동체라는 주장을 열정적
으로 옹호했다. 그에게는 실제로 어떤 분파도 그리스도의 교회 **안에
는** 있을 수 없었다. 왜냐하면 정교회가 유일한 '하나의, 거룩한, 보편
의, 그리고 사도적 교회'라고 주장했기 때문이다. 연합으로 가는 유일
한 진짜 길은 남은 다른 교회들이 정교회가 되는 것이다. 말할 필요도
없이, 그것은 복음주의자가 받아들이기 매우 힘든 제안이다. 그러나
나는 토니Tony, Anthony의 애칭—역주에게서 한 번도 영적인 거만함을 느
끼지 못했다. 그는 분명하게 오가라와 나를 그와 기독교를 뼛속 깊이
공유하는 동료로 인정했다.

그렇다면 신학적 핵심 주제들에 관해서 내 생각과 반대의 관점을
가지고 있는 사람들과 그리스도 안에서 연결되어 있는 나의 깊은 연
대감은 어떻게 설명할 수 있을까? 내가 이 모든 것을 이야기한 이유
는 우골닉이 내게 한 방 날릴 수 있는 여건을 조성하기 위해서였다.
우리가 칼리지빌에서 경험했던 것에 대해 그가 적은 글에서, 그는 자
신이 이런 방식으로 다른 사람들에게서 배운 교훈을 묘사했다. "우리
는 함께 당혹스러워져야 할 필요가 있습니다. 우리는 어리둥절한 겸
손함과, 우리 성경의 모호함과 난해함을 끌어 모을 용기를 다시금 확
인할 필요가 있고, 우리가 예상치 못했던 곳에서 답변들이 나타났다
가 변형되는 것을 발견하기 위해 서로를 바라보아야 할 필요가 있습
니다."[6]

---

6. Tony Ugolnik은 다음 글을 인용했다. Patrick Henry, "Ecumenical Gift Exchange:

나는 이번 장에서 '신비'라는 단어를 긍정적으로 사용해 왔다. 그러나 여기 우골닉의 '당혹스러워짐'이 훨씬 더 잘 어울린다. 당혹스러워지는 것은 신비를 경험하는 것이지만, 그러나 거기에는 무언가가 더 있다. 당혹스러움은 신비에 헷갈림이 섞여 있는 것이다. 내 아내와 나는 어떻게 우리가 그 신비를 함께 공유할 수 있는지 헷갈려 하지 않으면서도 아름다운 석양의 신비를 함께 경험할 수 있다. 내 두 친구들과 나는 값진 또 다른 당혹스러운 것을 하나 발견했는데, 왜냐하면 복음의 경이로움에서 느끼는 신비감을 우리가 명백하게 공유하고 있으면서도 심각한 문제들에서는 동의하지 않기 때문이다. 내가 그들—내가 이제껏 만났던 다른 많은 기독교인 '타자들'—에게서 느끼는 당혹감이 내게는 기쁨의 원천이 되었다.

신뢰의 역할[7]

이 책에서 전국 교회 협의회 신앙과 질서 위원회the Faith and Order Commission of theNational Council of Churches에서 지낸 시기에 대해서 불만을 토로해 왔기에, 그곳에서 봉사하는 기간 동안 겪었던 좋은 경

A Triumvirate of Collegeville Institute Greats," *Bearings Online*, June 29, 2017, https:// collegevilleinstitute.org/ bearings/ ecumenical-gift-exchange/.

7. 이 장의 일부 내용은 출판사의 허락을 받아 다음의 글에서 인용했다. Mouw, "Response to Dr. Reno," 158-67.

험 중 하나를 이야기하고 싶다. 앞서 언급했던 것처럼, 나는 북미 기독 개혁교회CRC를 대표하여 그 위원회의 '비회원 교단' 자격으로 5년을 지냈다. 한 모임에서, 나는 좋은 친구이자 그 당시에 그리스 정교회 클리블랜드 성당의 주교였던 로버트 스테파노풀로스Robert Stephanopoulos 신부 옆 자리에 앉았다. 내가 앉아 있던 줄을 둘러보았을 때, 나는 우리들이 그 위원회의 비회원 교회 대표들이 앉는 줄에 속해 있음을 알았다. 기독 개혁교회, 그리스 정교회, 루터교회 미주리교단, 그리고 로마 가톨릭교회 대표들이 있었다. 나는 밥Bob, Robert의 약칭-역주에게 속삭였다. "이 줄에 앉은 사람들을 보세요. 우리는 이 자리를 떠나서 기독교의 연합을 위한 우리만의 모임을 만들 수 있겠어요." 그는 대답하기를, "그렇게 해야 할지도 모릅니다. 그게 더 열띤 토론이 될 겁니다. 하지만 어쨌든 우리가 적절한 문제를 다루게 될 수 있지요. '하나의 진정한 교회'가 된다는 것을 두고 대화해야 마땅한 자리에서 단체를 대표한다는 건 무슨 의미가 있을까요?"

그것은 정말 '열띤 토론'일 것이다. 뿐만 아니라 중요하기까지 하다. 만일 우리가 '교회'에 관한 우리의 신학이 다양하다는 이유로 망설임 없이 진심으로 다른 사람을 대화 상대로 수용한다면, 그런 종류의 대화는 생산적일 수 있다. 물론, 그것은 많은 신뢰를 필요로 한다. 칼리지빌에서의 내 경험은 신뢰를 확인하는 데 도움을 주었다. 그것은 신학적인 논의에서 복음주의자들이 일반적으로 진지하게 대화하지 않는 사람들과—로마 가톨릭교회과 정교회와—의 대화에 몰입하도록 만들었다.

대화 상대를 정하는 일에서 우리 복음주의자들은 종종 우리의 특징과 고정관념이 유지되게 놓아두는 경향이 있다. 우리는 대화를 이어 가기 위해 더 넓은 배경에 있는 다른 사람들과 연결되는 것을 거부함으로써 다른 기독교인들을 더 잘 이해할 수 있는 기회를 놓친다. 심지어 더 나쁜 것은, 우리 주변의 기독교인 이웃들에 대해 거짓된 증언을 하는 죄를 지속적으로 범하는 상황을 촉진시킨다.

칼리지빌에서의 경험은 교회 지도자들이 모여서 하는 크고 공식적인 대화들보다는, 더 친밀하게 계속해서 얼굴과 얼굴을 대면하는 대화들이 죄로 물든 이런 경향들을 교정하는 데 성과를 낸다는 것을 보여 주는 사례다.

나는 C. S. 루이스가 그의 영적 여정을 묘사하기 위해서 쓴 '예기치 못한 기쁨surprised by joy'이라는 표현에 오랫동안 감동받아 왔다. 나 자신의 여정에 대해 비슷한 책을 쓸 계획은 없지만, 그래도 해 본다면 내 이야기의 제목을 '예기치 못한 당혹스러움surprised by perplexity'이라고 정하겠다.

12장
공적 행동주의

물론, 어떤 당혹스러움은 기쁨을 동반하지 않는 경우도 있다. 그것은 곤혹스럽고 당황스러운 상황이다. 최근 몇 년 동안 많은 복음주의자들이 공공의 장에서 말하고 행동하는 것에 대한 내 생각과 마음의 상태가 아주 많이 그렇다.

복음주의자들이 고도로 정치화된 것과 관련한 최근의 많은 비판 때문에, 적어도 지금으로부터 40년 전에는 복음주의 기독교인들이 자주 '정치에 무관심'하다고 비판받던 때가 있었음을 떠올리려면 좀 애를 써야 하게 되었다. 20세기 초반에는 다양한 요소들—자유주의 개신교의 주류 교단 점령, 진화론적 사고의 문화적 영향, 성경적 사고에 영향을 받고 있던 도덕적 표준의 붕괴—때문에 복음주의자들은 중요한 사회 개혁의 가능성에 대해 점차 회의적으로 바뀌기 시작했다.

반세기가 넘도록 이런 비관적인 전망이 우세했는데, 복음주의자들은 주로 내세를 위해 각자가 자신의 영혼을 준비하는 데 도움이 되는 일에 집중하라고 권장했다. 더 넓은 범위의 문화에 대한 관점들은 19세기 복음주의자 드와이트 무디Dwight L. Moody에 의해 유명해진 일종의 종말론적 형상으로 특징지어졌다. 무디는 미국이라는 배가 가라앉고 있으며, 오직 한 가지 해야 할 일은 개인들을 설득해서 빨리 구조선—'성경을 믿는 기독교인들'의 임시 거주지—에 올라 하늘의 구조 작전을 기다리게 하는 것이라고 외쳤다. 또는 내가 어린 복음주의자이던 시절에 엄청 들었던 바다 비유를 인용했다. 그리스도께서 다시 오시기 전에 사회 정치적 참여를 통해 어떤 선한 행동을 하려고 노력하는 것은 **타이타닉호**의 갑판 의자를 정리하려는 것과 같다는 것이다.

나는 1960년대에 시민 권리 운동과 베트남 전쟁에 반대하고 저항하는 일에 가담하면서 처음으로 정치적 행동주의를 시도했다. 그때는 복음주의자가 되기에는 외로운 시기였다. 나의 영적인 영웅이었던 사람들은 주장하기를, 마틴 루터 킹 주니어Martin Luther King Jr.가 공산주의자에게 이용당하고 있으며 동남아시아전쟁이 벌어지던 베트남—역주에서는 하나님께서 우리 군인과 경찰들을 돕는 편에 계신다고 했다. 나는 내가 관심을 두고 있던 대의명분이 진지하게 받아들여질 영적인 고향을 찾아 쉴 틈 없이 움직였다restless. 나는 보다 진보적인 교회에 출석했지만, 내가 거기서 들었던 식의 설교는 심지어 나를 더 안절부절못하게 만들어 개신교 계열을 떠나게 만들었다. 나는 바티칸의 위대한 사회 문서들을 공부했고, 거기서 많은 것을 배웠다. 그러나 테베레Tevere강江을 영적으로 건너는 일테베레강은 로마 시내를 지나는 강으로, 로마 가톨릭으로 개종하는 일을 비유한다—역주은 결코 심각하게 고려하지 않았다.

내 흔들림이 결국 나를 다시 복음주의로 이끌었다. 나는 나를 괴롭혔던 것과 같은 이유로 복음주의를 떠나려는 우리 세대의 다른 사람들을 거기서 발견했다. 우리는 우연히 서로를 알아보았고, 1973년 시카고 시내에 있는 YMCA에서 40여 명이 모여 '복음주의자들의 사회적 관심사에 대한 시카고 선언The Chicago Declaration of Evangelical Social Concerns'이라고 불리는 문서를 만들었을 때 상황이 몰라보게 달라졌다. 우리보다 윗세대—칼 헨리Carl Henry, 프랭크 게이브라인Frank Gabelein, 폴 리즈Paul Rees와 같은—사람들이 우리 모임에 가입했다. 타임지Time magazine의 딕 오슬링Dick Ostling은 40명의 복음주의자 지도자들이 사회적 관심사를 논의하기 위해 주말 내내 한자리에 모인 것은 아마도 20세기에 처음 있는 일일 것이라고 했다.[1]

우리 가운데 젊은 사람들은 우리 모임의 일부 어른들이—특히 칼 헨리가—우리가 주장하려 했던 몇 가지 주제들 때문에 약간 당황했다는 것을 알고 있었다. 그러나 그들도 우리가 오랫동안 방치되어 온 몇몇 문제들을 발견했다는 것을 분명히 알았으므로 우리를 진심으로

---

1. 이 발언은 로널드 사이더에게 전해진 말이다. 그는 그가 지은 다음의 책에 그것을 기록했다. *Good News and Good Works: A Theology for the Whole Gospel* (Grand Rapids: Baker Books, 1993), 20. 또한 다음의 글을 참조하라. Richard J. Mouw, "Awakening the Evangelical Conscience," *Christianity Today*, October 1, 2006, https:// www.christianitytoday.com/ history/ issues/ issue-92/ awakening-evangelical-conscience.html.

축복해 주었다. 우리가 다루었던 특정한 것들을 제외한 주된 메시지는 정의와 평화에 관한 쟁점들에 초점을 두고 행동하라는 다소 새로운 복음주의의 목소리들이었다.

이 새로운 복음주의적 행동주의는 1976년 미국 대통령 선거를 위한 유세에서 지미 카터Jimmy Carter가 자신을 복음주의자로 규정했을 때 다시금 전국적인 관심을 받았다. '뉴스위크Newsweek'라는 잡지는 표지 기사를 통해 1976년을 '복음주의자의 해'로 선언했다.

그로부터 몇 년 지나지 않은 1980년, 새로운 종교적 우파가 정치 세력이 되면서 매우 다른 종류의 행동주의가 등장했다. 그 행동주의의 진영에서 가장 두드러진 운동은 도덕적 다수Moral Majority, 미국의 기독교적 우파 단체—역주였다. 물론 그 운동은 더 이상 존재하지 않지만, 종교적 우파는 여전히 현재의 정치적 상황에서 실제 투표 세력이다. 그 결과 오늘날 복음주의자들이 사회정치적 삶에 열심히 참여하고 있다. 그러나 아쉽게도, 우리는 성경에 충실한 방식으로 더 넓은 문화에 참여하는 것이 무엇을 의미하는지를 분명하게 하지 않았다.

참여[2]

'참여하다engage'라는 단어는 사실 두개의 전혀 다른 흔한 의미를 가지고 있는데, 둘 다 내가 문화에 대해 지향하는 입장을 표현하는 데 쓰고 싶은 의미는 아니다. 한 쌍의 남녀가 약혼engagement했다고 할 때는 교제courtship했다는 의미가 있다. 그것은 결혼 생활—더 나아지거나 혹은 더 나빠질 두 인격체의 연합—에 전념하려는 것이다. 그런 종류의 관계는 사랑에 빠진 부부에게는 훌륭하지만, 광범위한 문화와 관련되어 있는 기독교인들에게는 적합하지 않다. 우리가 기독교 신앙과 문화의 '결혼 생활'에 전념하는 자신을 발견하는 것은 위험한 일이다.

또 다른 의미는 전쟁터에서 사용되는 형상이다. 한 군대가 적의 부대와 교전할engage 때는 그 결과가 폭력적으로 충돌하는 것이다. 이것은 기독교의 '문화적 전사들'이 광범위한 문화 속에서 교전하고 있다는 의미다. 그들은 그 관계를 적과 맞서고 있는 것으로 이해한다. 나는 이것 역시 더 넓은 사회로 잘못 접근하는 방식이라고 여긴다.

시카고 선언에 동참한 직후 몇 년 동안, 우리 젊은 세대들은 우리의 사회적 행동주의에 필요한 신학적 자료들을 연구하기 시작했다. 일부는 존 하워드 요더John Howard Yoder의 책 *Politics of Jesus*예수의

---

2. 이 장의 내용들은 다음의 글에서 인용했다. Richard J. Mouw, "Getting the Trophies Ready: Serving God in the Business World," *Journal of Markets & Morality 18*, no. 1 (Spring 2015): 189–98.

정치 사상, 한국어판 제목은 『예수의 정치학』—역주이 제안하고 있는 재세례파 사상 중의 한 형태에 끌렸다. 다른 사람들은 나치 시대에 순교당한 루터교회 신학자 디트리히 본회퍼Dietrich Bonhoeffer에게서 영감을 얻었다. 나머지 다른 이들은 19세기 웨슬리안주의Wesleyanism의 증언에 기대를 걸었다.

1970년대 초반에 만들기 시작한 내 접근법은 19세기에 아브라함 카이퍼Abraham Kuyper와 헤르만 바빙크Herman Bavinck에 의해 시작된 네덜란드 신칼빈주의neo-Calvinism 전통으로부터 많은 영향을 받았다. 그들은 명백한 복음주의 계열의 정교한 신학자였을 뿐만 아니라, 또한 카이퍼는 그 와중에 네덜란드 정치 무대에서도 활동하여 실제로 네덜란드 수상으로 재임했다.

그들은 정치 활동을 자신들 각자의 일반 은총 교리로 만들어 낸 신학적 안목으로 조망했다. 그들은 16세기의 위대한 개혁가 존 칼빈John Calvin의 주석에서 이 교리를 얻어냈다. 칼빈은 자신을 타락한 인간의 '전적 부패' 교리의 수호자로 인식하기는 했지만, 또한 비기독교 사상가들이 기여한 많은 것들에 대해 감탄을 표하기도 했다. 칼빈은 복음주의자로 회심하기 전에 법학을 공부했다. 그리고 그는 그리스와 로마 시대의 다양한 작가들, 특히 세네카Seneca의 저술에서 얻은 발상들에 대한 존경심을 잃지 않았다. 칼빈은 자신의 책 『기독교 강요Institutes』에서 이교도 사상가들의 사고 안에 '진리를 밝히는 감탄할 만한 빛'이 있음을 발견했다. 그리고 그것은 "사람의 정신은 비록 그 완전함에서 타락해서 부패했을지라도", 여전히 "하나님의 놀라운 은사들을 두르고 장식하고" 있음을 의미했다. 실제로 칼빈은 그런 정신이 만들어 낸 진리를 수용하기를 거부하는 것은 "하나님의 영을 모욕하는 것"이라고 주장했다.[3]

물론 우리가 일반 은총—믿지 않는 자들을 향한 하나님의 호의적 성향—에 속한다고 생각하는 것들 중 일부는, 카이퍼가 말한 것처럼 비기독교인들의 삶에서 '초월적인' 방법으로 일하시는 하나님의 방식에 포함될 수 있다.[4] 하나님께서는 믿음이 있는 농부나 그렇지 않은 농부들 모두의 곡식을 키우시기 위해 비를 내리신다. 그리고 심지어 매우 악한 정부라일지라도 인간의 번영을 증대하는 몇 가지 일을 종종 해 낸다. 그 모든 것을 단적으로 신적 섭리의 작용으로 설명할 수 있다. 하나님께서는 구부러진 막대기들을 써서 드물게 곧은 선들을 그리신다.

그러나 카이퍼는 또한 칼빈이 고대 이교도들이 **진리**truth를 사랑하여 실제로 좋은 **발상들**ideas을 만들어냈다고 주장하면서 이해한 것처럼, 성령 하나님께서 믿지 않는 사람들의 '내면'을 운용하고 계신다고 보았다. 카이퍼는 이 개념을 전반적으로 문화생활에까지 확장하여, 서로 영향을 끼치는 인간의 삶 속에서 성령 하나님께서 하시는 '내면'의 사역으로 설명하고 있다. 일반 은총은 "시민의식, 가정적인 감

---

3. John Calvin, *Institutes of the Christian Religion*, ed. John T. McNeill, trans. Ford Lewis Battles (Philadelphia: Westminster, 1960), 2.3.6, p. 273.

4. Abraham Kuyper, "Common Grace," in *Abraham Kuyper: A Centennial Reader*, ed. James D. Bratt (Grand Rapids: Eerdmans, 1998), 181.

각, 자연스러운 사랑, 인간 미덕의 실천, 공적 양심의 향상, 진실성, 사람들 사이의 상호 충성, 그리고 서서히 변화하는 경건한 삶을 향한 감정 어디서나" 작동하고 있다는 것이다.[5]

카이퍼가 강조한 이 중요한 사실은 또한 그보다 나이가 적은 동료 헤르만 바빙크에게서도 확인되는데, 바빙크는 일반 은총 때문에 "때때로 놀라운 현명함이 …… [믿지 않는 자들]에게 주어지는데, 그로 말미암아 그들은 특정한 것들을 배울 수 있을 뿐만 아니라 중요한 발명품이나 발견을 이루고, 그것들을 삶에서 실제로 사용할 수 있게 해 줍니다."라고 썼다.[6]

이 세 명의 사상가—칼빈, 카이퍼, 바빙크—는 모든 인간의 삶에 주어진 죄의 비극적인 효과들을 깊이 확신하고 있었다. 그들의 견해에서 부패는 **전적**total인—우리 삶의 모든 측면에 영향을 주는—것이었다. 그러나 그것이 **절대적**absolute 부패—죄로 물든 마음과 정신에서 나온 모든 사상과 행위가 하나님의 관점에서 가치가 없다는 가르침이다—를 확언하는 것은 아니다. 이들의 관점은 분별력을 요구한다. 이것은 정치적인 삶에서 우리가 '저 바깥' 세상 속에서, 하나님의 실체를 인정하지 않지만 그 본질과 근원을 의식하지 못하면서도 가끔은 하나님의 계획에 봉사하도록 설계된 사람들의 생각과 행동에

5. Kuyper, "Common Grace," 181.
6. Herman Bavinck, "Calvin and Common Grace," trans. Geerhardus Vos, *Princeton Theological Review 7* (1909): 437-65, here 455; 다음 웹 페이지에서도 확인이 가능하다. http:// www.monergism.com/ thethreshold/ sdg/ pdf/ bavinck_commongrace.pdf.

서 정의와 공의의 흔적을 추구해야 한다는 의미다. 기독교인의 정치적 삶은 그러므로, 우리와 신앙을 공유하지 않는 사람들의 이야기를 주의 깊게 듣는 것을 의미해야만 한다. 이것은 프란시스 쉐퍼Francis Schaeffer가 '합동 전투 행위co-belligerence'라고 이름 붙인 것처럼, 다른 세계관을 공언하지만 공적인 삶에서 특정한 이슈들에 대한 목표들과 전략들을 공유할 수 있는 사람들과 우리가 함께 임시로 동맹들을 형성하도록 이끈다.[7]

정부의 공권력

중요한 문제가 생긴다. 어떻게 공공 영역에서 이런 일을 **실행**할 수 있을까? 기독교가 정치적 힘을 행사할 때 적합한 형식은 무엇일까? 이와 관련해서 정부가 무엇을 **위한** 것인가 하는 문제를 중요한 쟁점으로 다루어야 한다. 정치적 권위를 행사하여 인류 공동의 삶을 섬기기 위해 하나님께서 의도하신 바는 무엇인가?

보다 솔직한 대답 가운데 하나는 내가 복음주의적 대학에서 학부생으로서 수강했던 정치적 주제를 다루는 첫 번째 과목에서 이미 배웠던 내용이다. 우리 모두는 칼빈주의 철학자 고든 클락Gordon Clark

---

7. Francis Schaeffer, *Plan for Action: An Action Alternative Handbook for "Whatever Happened to the Human Race?"* (New York: Revell, 1980), 68.

이 작성한 논문을 읽었다. 논문에서 그는 하나님께서 타락 이후에 '여러 악의 무리들이 서로를 침범하려는 목적을 가지고 활동하는 것'을 통제해야 할 필요성 때문에 정부를 만드셨다고 썼다.[8] 그의 설명은 하나님께서 칼의 권력을 휘두르도록 정부들을 규정하셨다는 내용으로 이어지는데, 로마서 13장에 있는 바울의 가르침에 초점을 맞춘 것으로 보인다.

나는 이 문제에 관해서 바울과 다툴 필요가 전혀 없다. 그는 로마 제국의 배경에서 서신을 적고 있었는데, 기독교인들은 그들의 지배자를 이방인이면서 기독교 공동체의 확신들과 관습들에 대해 명백하게 적대적인 사람으로 이해했다. 비록 이런 불행한 정치적 상황 아래에서라도 바울은 정부가 질서를 세우는 기능을 실현하시려는 하나님의 뜻을 섬기는 한 우리는 그들의 방식을 존중해야만 한다고 주장한다.

그러나 이 주장은 기독교인 시민들을 다스릴 권위가 있는 모든 정부를 기본적으로 정의로운 질서를 세우시려는 목적에 봉사하는 도구로 이해해야 한다는 잘못된 결론을 만들어 낼 수 있다. 1930년대와 40년대의 나치 독일이라는 분명한 사례가 있다. 히틀러와 그의 동조자들이 지배하던 시기에 디트리히 본회퍼가—그들에 대한 반감은 결국 그를 순교자로 만들었는데—만일 두려움에 움츠러들어서 로마서 13장 1절부터 5절까지를 다음과 같은 방식으로 그의 시대의 맥락을

---

8. Gordon Clark, *A Christian View of Men and Things* (Grand Rapids: Eerdmans, 1952), 146.

적용하면서 읽었다고 가정해 보자.

모든 사람이 나치의 지배를 받게 하자. 모든 권위는 하나님으
로부터 나오기 때문에 나치의 권위도 하나님에 의해 만들어진
것이다. 결국 누구든지 나치 정권에 저항하는 것은 하나님께서
임명하신 것에 저항하는 것이고, 나치 정권에 저항하는 사람들
은 심판을 받을 것이다. 나치 정권은 선한 행동에 대해서가 아
니라 나쁜 행실에 대해 공포를 준다. 나치 정권을 두려워하지
않기를 바라는가? 그렇다면 선을 행하라, 그러면 너는 그 보상
을 받을 것이다. 왜냐하면 나치 정권은 너희의 선을 위한 하나
님의 종이기 때문이다. 그러나 만일 네가 하는 일이 잘못됐다
면, 너는 두려워해야 한다. 왜냐하면 나치 정권이 칼을 헛되이
들고 있는 것이 아니기 때문이다! 잘못을 저지른 자에게 벌을
내리는 것이 하나님의 종의 역할이다. 그러므로 사람은 징벌뿐
만 아니라 양심 때문에 나치의 통치 대상이 되어야 한다.

이런 독법은 분명히 말도 안 된다. 우리가 분리주의적인 미국 남부
의 인종차별법에 복종하지 않았던 마틴 루터 킹 주니어Martin Luther
King Jr.를 비롯한 다른 사람들의 영웅적 증언을 기념한다면, 나치주의
의 공포에 저항했던 본회퍼의 행동을 칭송하는 것도 당연하다.

게다가 이런 시민 불복종civil disobedient의 예들은 우리가 성경에
서 발견한 실제 사례와 일치하는 것으로 보인다. 예를 들어, 이스라엘

이 바벨론 포로로 잡혀있던 시기에 하나님의 계명을 지켜야 한다고 주장하며 다니엘과 함께 풀무불 속으로 걸어갔던 사람들은 정의롭지 못한 법에 순종하는 대신에 감옥에 갇히는 것은 물론이고 죽음까지 직면하고자 했다. 유사하게 사도행전에서 기독교인 제자들은 자신들의 교훈을 선포하지 말라는 명령에 복종하기를 거절했기 때문에 감옥에 갇혔고, 그것을 견뎌야 했다.

시민 불복종을 옹호하는 기독교인들은 이런 예시들을 균형 잡힌 행동을 요구하는 신약성경의 다른 가르침과 변증법적 균형양쪽이 서로 모순 또는 대립하는 상태—역주을 유지하는 자리에 두자는 한 가지 제안을 내놓았다. 그들은 우리가 로마서 13장과 요한계시록 13장을 모두 수용해야 한다고 말하는데, 후자는 모든 인류에 대한 권위를 주장하며 모든—그리스도'어린양'께 충성했던 사람들은 제외한—시민들이 복종하는 '짐승'의 모습을 한 불경한 정부를 묘사한다. 이런 종류의 제안들은 확실히 올바른 유형의 염려들이 동기가 된 것이다. 그러나 나는 단순한 변증법적 갈등을 넘어서는 것을 선호하는데, 로마서 13장은 기독교인들은 그들의 정부들에게 순종해야 한다고 직접적으로 요구하는 것으로 받아들이고, 그 후 다른 성경의 참고문헌들 안에서 발견된 다른 종류의 강조점들로 균형을 잡아야 한다. 변증법적 해결책양쪽을 절충하여 제삼의 대안을 도출하는 방식—역주에 만족하지 않고, 나는 로마서 13장을 다른 성경 구절과 더욱 일관되게 해석되도록 살펴보았다.

바울이 정부에 대한 '규범적'인 관점을 제시하는 것을 보면 이런 더욱 일관된 해석을 알 수 있는데, 여기서 사도는 **제대로 기능하는**

정치권력과 기독시민의 관계를 묘사하고 있다. 이런 해석에 따르면, 로마서 13장을 나치 정권에 순종하라 명령하는 것으로 받아들일 수 없는 이유는 나치들이 그 로마서 본문에 제시된 좋은 정부를 위한 규범에 동의하지 않았기 때문이다. 바울이 말하는 것처럼 기독시민들이 정부의 권위에 동의해야만 하는 이유는 하나님께서 "선을 위한 …… 하나님의 종"롬13:4을 만드는 목적을 이루시기 위해서 정부를 세우셨기 때문이다. 신성하게 세워진 정부는 마땅히 "선한 일에 두려움이 되지 않고, 악한 일에 대하여"롬13:3 두려움이 될 것이다. 우리가 그런 정부 아래 있을 때 우리는 선을 행해야 하고, 그러면 칭찬을 받을 것이다롬13:3. 그러나 우리가 로마서 13장이 말해 주는 것과 정반대로 행하는 정부—악을 행하는 자에게 보상하고 선을 행하는 자를 벌하는 정부—를 마주했을 때, 우리는 그때의 그 정부를 하나님께서 임명하신 정부로 존중해서는 안 된다. 그런데 나치 정권은 정치적 권위를 세우면서 하나님의 목적을 알려주는 기준들에 동의하지 않은 것이 문제다. 이런 상황에서는 로마서 13장이 제시하는 규범들을 위반한 것은 본회퍼가 아니다. 그것은 나치 정권이었다!

양육하는 권력[9]

17세기 스코틀랜드 장로교인들은 흥미로운 형상 하나를 정치 권력자를 묘사하는 데 즐겨 사용했다. 그들에 따르면, 정치 지도자는 '양육하는 아버지'여야만 한다. 이 사람들은 정치에 대한 자신들의 관점을 표현하기 위해 구약성경의 형상을 많이 가져왔다. 신성한 통치자이신 스코틀랜드의 하나님께서는 그분께서 택하신 백성들, 즉 그분의 새 이스라엘이 고대 이스라엘에게 요구하셨던 것들과 다르지 않은 기준들에 동의하기를 바라셨다는 것이다.

그들이 구약성경의 말을 가져다가 쓰는 약간 야한 표현의 한가운데에 그들이 만들어 낸 '양육하는 아버지' 형상이 있다. 여기서 그들은 구약성경에 대한 충성심을 표현하면서, 킹 제임스 번역King James Version 구약성경에서 겨우 몇 차례밖에 사용되지 않은 일부 애매한 형상을 끌어오고 있다. 젖을 먹이는 이미지는 이사야서 말씀에서 두 번 왕족에게 적용되었는데, 이들 칼빈주의자 작가들은 의심할 여지가 없이 이 구절들을 마음에 간직하고 있었다. 이를 테면, 다음과 같은 구절들이다. "그리고 왕들은 너의 젖 먹이는 아버지가 될 것이며, 그리고 그들의 왕비들은 너의 젖 먹이는 어머니가"49:23, "네가 …… 왕의 젖을 빨며"60:16 오늘날 대부분의 설교자들은 그들의 설교 제목

---

9. 이어지는 부분은 허락을 받고 다음 책에서 인용했다. Richard J. Mouw, *Praying at Burger King* (Grand Rapids: Eerdmans, 2007), 121-23. [역주] 강봉재 옮김, 『버거킹에서 기도하기』, IVP, 2009.

을 독특하게 보이려고 이런 종류의 형상을 선택하지는 않는다. 그러나 마음에 간직하는 것이 나쁜 발상이라는 것은 아니다. 기본적인 요점은 **하나님께서는 정치 지도자들이 양육하는 자가 되기를 원하신다**는 것이다.

시편 72편은 조금 다른 양육하는 형상을 사용한다. 여기서 묘사되고 있는 것은 의로운 왕이다. "그는 벤 풀 위에 내리는 비 같이, 땅을 적시는 소낙비 같이 내리리니"72:6 이것은 시편 기자가 시민들의 삶을 유지시켜 주시는 것을 기뻐하는 맥락에서 진술되었다. 이것은 물론—어떤 상황에서는 필요할 수도 있겠지만—문자 그대로 먹을 것을 베푸는 일을 말하는 것이 아니다. 여기서의 먹이는 것은 '그 필요'에 특히 주목해서 모든 백성이 잘되도록 보살피는 영혼의 돌봄이다. 정부는 모든 백성들을 위해 평화롭고 정의로운 환경을 조성하는 의무를 하나님께로부터 받았다.

정책으로 실현할 수 있는가 하는 관점에서 이것이 의미하는 바를 놓고 당연히 많은 논쟁이 있다. 그것들은 논의하기에 좋은 주제들이다. 성인이 되고 나서 나는 정치적 문제들에 대한 생각을 여러 번 바꾸었다. 그리고 계속해서 이 문제들 때문에 다른 사람들뿐만 아니라, 심지어 나 자신의 마음과 생각과 함께 논쟁하고 있다. 공공의 평화와 정의와 관련된 사안들은 복잡한 것들이다. 그리고 나의 칼빈주의자 선진들 대다수와 다르게 나는 내가 살고 있는 다원주의 사회에서 건강한 관용의 정신을 발전시켜야 한다는 것을 알고 있다. 그러나 나는 우리 모두에게 정신을 보살피는 일을 촉진하고 공동선을 위해 일하는 것이 필요함을 깨달으라고 요청하는 양육하는 정부를 정말로 원한다.

크기 문제들

대학 강의실에서 진행했던 공개 강좌 후에 가졌던 질의응답 시간에, 한 학생이 내게 '큰 정부와 작은 정부' 가운데 무엇을 선호하는지 물었다. 나는 그녀에게 그 질문에 답하기 어려운 시간을 보내고 있다고 말했다. 정부의 공무 수행을 어떻게 평가하는가에 따라서 많은 것들이 좌우된다. 우리 가운데 대부분의 사람들은 시민들을 위해 정부가 최소한 경찰력이나 군사적 보호를 제공하는 것에 동의할 것이다. 거리와 고속도로 역시 필수적인 정부 시설로 여겨진다. 또한 정부는 공공 안전 조치에도 주의를 기울여야 한다. 동네에 위치한 학교에 걸어 다니는 아이를 둔 부모들은 정지 표지판, 신호등, 속도 제한 구역, 그리고 건널목 안내원에게 감사하는 마음을 가져야 한다.

나는 개인적으로 몇 가지 다른 것들을 목록에 추가하고 싶다. 나는 주립공원과 국립공원을 즐기고, 정부가 공원을 잘 가꾸어 주어서 감사하다. 나는 아동과 배우자 학대를 막는 법을 원한다. 나는 소비자 안전 규정을 지지한다. 나는 박물관들과 공공 라디오 방송을 즐긴다. 그리고 심지어 가장 일관되게 작은 정부를 지지하는 사람들 가운데 많은 이들이 정부가 우리 사회에서 가장 가난하고 도움이 필요한 같은 시민들에게 공공 의료를 제공하는 안전망을 설치해야 옳다고 생각한다.

요약하면, "우리의 삶에서 정부를 몰아내자"라고 가장 크게 소리치는 사람들이 정해 놓은 한계를 서둘러 넘어서는 나 자신을 발견한다. 물론, 나는 여러 세부사항들에 대한 논의가 적절하게 이루어질 수 있음을—또한 이루어져야 함을—인정한다. 비정부 단체와 기관들이 서비스를 가장 효과적으로 제공할 수 있는 시기는 언제일까? 어떤 경우에 상위 정부의 관료제가 그 자체로 공공의 선을 해치는 것이 되는가? 이것들은 논의가 필요한 중요한 사안들이다.

그러나 여기서 근본적인 문제는 다음과 같다. 정부는 **무엇을 위한** 기관인가? 인간의 집단생활에서 정부의 기본적인 역할은 무엇인가?

기독교 전통에서 국가 기능을 엄중히 제한하는 데 찬성해 온 사람들은 주로 정부를 인간의 죄악에 대한 치료제로 묘사해 왔다. 그러나 나는 여전히 정부의 기능이 보다 적극적인—양육하는—것이라고 주장하고 싶다.

우리의 현재 상황에서 이것이 무슨 의미일지를 판정하기 위해서는 약간의 작업이 필요하다. 그리고 그 노력은 상당한 겸손을 요구한다. 사안들은 복잡하지만, 우리는 하나님께서 정부가 적절한 방법으로 인간을 양육하고 번영을 증진하기를 원하신다는 인식을 가지고 연구해야 한다. 정부가 인간 존재로서 번영할 수 있는 우리의 능력을 방해할 정도로 너무 커져서는 안 된다는—그러나 그들이 너무 작아지는 것을 원해서도 안 된다는—의미라는 것은 확실하다!

인내하면서 행동하기[10]

나는 복음주의 안에서 성장하고 있었기 때문에 설교자들이 '하나님께서 인내하시는 시간'에 대해서 말하는 것을 자주 들었다. 그들은 죄인들이 하나님과의 바른 관계를 획득할 수 있는 기회가 아직 있을 때 회개하도록 우리를 격려하기 위해 그 용어를 사용했다. 그들은 인간의 역사가 끝에 다다르고 엄청난 심판의 날이 다가오는 때에는 더이상 하나님의 인내가 없을 것이라고 말했다. 우리는 우리의 기본적인—구원을 택하거나 거절하거나 하는—선택들에서 영원 무궁히 놓여날 수 없을 것이다.

이러한 회개로의 초청이 여전히 내 기본적인 영적 인생관을 형성하고 있다. 그러나 1970년대에 메노파Mennonites, 재세례파의 일종—역주 사람들과 정치적 참여에 대한 대화에 참석했을 때, 나는 그들이 '하나님께서 인내하시는 시간'이라는 말을 조금은 다른 방식으로 사용하는 것을 듣게 되었다. 그들은 세상에서 모든 악을 제거하는 것은 우리의 기독교인으로서의 책무가 아니라고 말했다. 그 일은 오직 하나님께서 모든 것을 최후의 종말에 이르게 하실 때 일어날 일이라는 것이다. 우리가 하나님께서 인내하시는 동안에 산다는 것이 사회적이고

---

10. 이 부분은 저작권자인 Religion News Service LLC의 허락을 받아 재발행된 다음 출처에서 인용한다. Richard J. Mouw, "Divine Patience in Confused Times," *Religion News Service*, March 20, 2017, https:// religionnews. com/ 2017/ 03/ 20/ divine-patience-in-confused-times. Copyright 2018 Religion News Service LLC.

정치적인 현재 상태를 그저 받아들여야 하는 근거는 아니다. 우리들은 권력을 가진 사람들에게 진리를 말하는 평화와 정의를 위한 증인이 될 필요가 있다.

현재를 위한 우리의 부르심은 정치적인 영역에서 성공하는 것이 아니다. 기독교 공동체 안에 메시아 콤플렉스messianic complexes, 자신이 선택받은 자라고 굳게 믿는 현상—역주를 위한 자리는 없다. 우리는 이미 훌륭하게 모든 것을 성취하신 그리스도를 믿고 있고, 인내하면서 그분께서 다시 오시기를 기다리고 있다. 그러나 우리는 또한 행동한다. 예레미야는 고대 이스라엘 백성들이 포로로 잡혀갔던 그 도시에서 완전한 **샬롬**을 이루어야 한다고 말하지 않았다. 주님께서 그들에게 원하시는 것은 그보다는 **평화를 추구하는 것**이었다. 사도 베드로는 이 명령을 신약의 교회들에게 새롭게 전했다. 그는 "너희가 이방인 중에서 행실을 선하게 가져 너희를 악행 한다고 비방하는 자들로 하여금 너희 선한 일을 보고 오시는 날에 하나님께 영광을 돌리게 하려 함이라"벧전2:12라고 기록했다. 현대의 정치적 삶에서 새로워진 제자도를 요구하는 명령이다.

가르치는 역할[11]

다음 장에서는 시민으로서 우리에게 있는 책임을 진지하게 고민
하기 위해서는 우리가 다시 새롭게 영적으로 형성되어 스스로 준비
되는 것이 필요하다는 이야기를 할 것이다. 나는 매주 예배에서 행해
지는 정도의 범위를 넘어선 광범위한 **교육** 사역이어야 마땅한 교회
의 **교리교육**이 부족하기 때문에 공공의 광장에서 현대의 복음주의가
실패하고 있다고 강하게 확신하고 있다.

공적인 관심사인 몇 가지 주제를 다루는 성명서에 내 이름을 더하
고 싶다는 요청을 자주 받는다. 사실 그 선언이 말하는 바에 동의할
때가 많지만, 요즘은 성명에 참여하는 것을 더 자주 거절한다. 그 요
청이 평화를 이루기 위한—보통 학자들 혹은 교회 지도자들에 의해서
제기된—것일 때도 있다. 또는 정의를 세우기 위한 몇 가지 문제에 대
한 탄원서인 경우도 있다. 나는 대개 그 선언문을 자세히 읽어 본다.
나는 그 문서와 뜻이 맞는 사람들만 꼼꼼하게 읽을 것이라는 느낌을
자주 받는다. 선언문이 '권력자를 향해 진실을 말하는' 것으로 계획되
었을지 몰라도, 현재 권력이 있는 사람들은 분명히 전혀 관심이 없을
것이다. 탄원서를 쓴 사람들은 그것을 알고 있겠지만, 그러나 그들은

---

11. 이 부분은 저작권자인 Religion News Service LLC의 허락을 받아 재발행된 다
음 출처에서 인용했다. Richard J. Mouw, "Why I Decline to Sign 'Prophetic'
Declarations," *Religion News Service*, December 7, 2017, https:// religionnews.
com/ 2017/ 12/ 07/ why-i-decline-to-sign-prophetic-declarations/. Copyright
2018 Religion News Service LLC.

진지하게 선지자와 같이 되어야 한다는 의무감을 가지고 있다.

내가 사회활동가로 지내던 초창기 시절에는 '선지자'처럼 되는 것을 엄청 강조했지만 요즘은 그 단어를 그렇게 많이 쓰지 않는다. 얼마 전에 노트북으로 지난 수십 년이 넘는 기간 동안 작성했던 모든 문서들에서 그 단어를 검색했는데, 언제부터 내가 공개적으로 선지자처럼 되는 것을 옹호하기 시작했는지는 알 수 없었다. 어쨌든 그 단어를 사용했다면 보통 내가 다른 사람들의 말을 인용했거나, 혹은 성경의 선지서 말씀에 대해서 토론하거나, 모르몬교 친구들과 오늘날에도 교회가 공식적으로 '선지자'라고 이름 붙은 사람을 따라야 하는지를 두고 논쟁하는 경우였다.

냉소적인 사람은 내가 최근 20년 동안 선지자처럼 되는 것을 기부금을 많이 낼 수 있는 후원자들이 탐탁지 않아 하는 신학교의 총장으로 섬기면서 후원금을 모으려고 시도해 왔다고 생각할 수 있다. 그럴 가능성에 대해서 나는 스스로 솔직해지려고 노력해 왔다.

그러나 내게는 선지자적 활동에 관여하기를 피하는 것이 옳다고 여길 만한 신학적 근거가 있다. 고대 이스라엘 사회에서는 선지자가 있는 한쪽과 왕과 제사장들이 속한 다른 한쪽이 팽팽히 맞서고 있었다. 그런데 신약성경에서는 선지자 역할을 할 지도자를 분명하게 부르지 않으셨다. 사실 굳건하게 이어져 온 신학 전통에서는 선지자, 제사장, 그리고 왕이라는 삼중직이 예수님 안에서 하나가 되었다고 말한다. 그렇다면 내 개인적 견해는 하나님께서 한번 그리스도 안에서 하나로 만드신 것을 결코 우리가 다시 나눌 수 없다는 것이다. **교사의**

역할이—로마 가톨릭교회가 교권敎勸, magisterium, 교회의 가르치는 권한을 뜻하는 천주교 용어—역주의 중요성을 강조하면서 알아보았던 것처럼—더 중요해진 것으로 보인다. 그리고 가톨릭교회는 '받아들여졌는지'를 확인하는 것이 교리적 진술의 효용성을 시험하는 한 가지임을 분명하게 알았다. 교리가 분명하게 진술되었는가? 신자 공동체의 삶에서 중요한 것으로 여겨졌는가? 그 의도가 무엇인지 혼란스럽게 하는가, 선명하게 하는가?

나는 우리가 자격 없이 내린 선지자적 판단을 선언할 수밖에 없는 순간들이 역사 속에서 있었다는 것을 의심하지 않는다. 나치 독일이 분명한 예시다. 이런 맥락에서 우리는, 비록 우리가 그렇게 하는 것이 광야에서 외치는 소리밖에 되지 못하더라도, 특정 문제 상황에 대해 대담하게 '아니오!'라고 선언할 수밖에 없다. 그러나 그런 극한 상황 바깥에서 우리가 우리 자신을 그저 선언문 만드는 사람으로 이해하는 것은 위험하다. 만일 우리가 말해야 할 중요한 것을 가지고 있다면, 우리는 사람들을 우리와 같이 보게 만들 최선의 방법을 찾는 일을 세심하게 신경 써야 한다. 우리가 실제로 선지자 역할을 기댈 수 있는 유일한 것으로 이해한다면, 가르치려는 노력들이 실패했기 때문에 그 지경에 이른 것은 아닌지 질문해 본다면 좋겠다.

돈을 받고 학생들을 가르치는 사람들은 몇몇 중요한 지적 세계 영역의 입문 과정을 계획할 때, 첫 시간부터 알고 있는 모든 것을 말해 주지는 않는다는 것을 알고 있다. 학생들은 새로운 내용, 또는 새롭고도 어려운 내용을 탐구하라는 요구를 받아야 한다. 그리고 그들은 학습하는 내용이 복잡해지기 전에 기초적인 내용을 배워야 한다. 유능한 교사는 첫날부터 그녀가 알고 있는 모든 것을 이야기하지 않는다. 좋은 가르침은 비록 시간이 좀 걸리더라도, 단순히 진리를 말하는 것뿐만이 아니라 사람들을 그 진리로 이끄는 과정으로 구성된다. 그리고 새로운 학습 영역과 학생들이 이미 확신하고 있는 것 사이의 연속성을 강조할 수 있다면 많은 것을 얻을 수 있다.

또한 교실에서 가르치는 교사들은 '사람들을 진리로 인도한다'라는 생각을 좀 조심하기까지 해야 한다. 우리는 모두 배우는 사람들이다. 내가 가르쳤던 과목 가운데 좋았던 일부는 내가 학생들만큼—아마도 보다 더 많이—배웠다는 느낌을 받았던 과목이다.

가르치는 공적 역할—학자들, 목사들, 교단 사무직, 평신도 지도자 등이 감당하는 것—에 대해서도 마찬가지다. 우리의 공적인 교육은 우리 자신이 학생이라는 겸손한 인식뿐만 아니라, 우리가 영향을 주고자 하는 사람에게 크게 공감하고 신뢰하기를 요구한다! 다양한 주제들에 관해 '선지자적' 선언들이 필요하다고 강조하는 종교지도자들이 이런 특징들을 종종 놓치고 있음을 발견한다. 만일 우리의 목표가 단순히 많은 진실한 것들을 이야기하는 것이라면, 다른 많은 종교인들의 관심사들에 대해 비판으로 끝나는 직설적인 공적 선언을 내는 것으로 우리의 선지자적 책임을 수행했다며 위안 삼을 수 있다. 그러나 만일 우리의 과제가 진리를 가르치는 것이라면, 그렇다면 우리는 보다 어려운—그리고 보다 심각하고 미묘하게 차이가 있는—역할을 하게 된다. 좋은 가르침은 인내를—종종 선지자들과는 상관없는 특성을—요구한다.

물론 인내는 옛날 킹 제임스 번역KJV의 로마서 5장 4절에 나오는 영적 자질quality의 목록 가운데 하나다. 보다 현대적인 번역본들은 '성질character(예를 들어 NIV, NRSV)'이나 '강인한 성질(NLT)'로자격 조건이 아니라는 의미로—역주 바꾸었다. 기독교 공동체 안에서 우리 모두가 그런 종류의 강인함을—우리는 보잘것없는 존재로서 공적 광장에 참여하는 것이 아니다—증진시키도록 육성되는 것이 필요하다.

13장
정치적 제자도를 위한 영적 육성

앞 장에서 이야기 했듯이, 1973년 시카고 선언의 여파로 우리 중 일부는 우리가 요구받고 있는 종류의 행동주의는 굳건한 신학적 자원들로 뒷받침되어야 함을 깨달았다. 사회적 관심사를 다루는 복음주의자들의 공적인 대화가 학문적인 지향과 직접적으로 연결되었던 시기는 내게 의미 있는 시간이었다. 그런데 내가 최종적으로 깨달은 것은 신학적 차원은 그것이 중요한 만큼 더 실용적인 종류의 영적 형성과 밀접하게 연결되기도 해야 한다는 것이다.

제도적 교회의 역할

복음주의자들은 종종 공공생활에서의 역할을 선택하는 일에서 실수를 저질러 왔다. 우리는 어떤 일에 영향을 미치는 것을 아예 그만두거나, 아니면 '장악'하려는 기획에 착수한다. 그렇지만 나는 성경 말씀이 명령하는 대안적 양식을 믿는다. 우리는 그리스도의 왕국이 우리 가운데 아직 충만하지 않은 현재 상황에서, 주님께서 우리를 신실한 존재가 되도록 부르신 그 장소에서 하나님께서 우리를 위해 공급해 주시는 기회와 능력으로 정치 영역에서 할 수 있는 역할을 하도록 부름 받았다는 것이다.

이 주제를 다루면서 나는 제도적institutional, 제도로 규정된—역주 교회—지역의 회중들이나 교파의 기관—들이 정기적으로 특정 공공 정책에 대한 입장을 표명하는 사업을 만들어야 한다고 주장하려는 의도가 없음을 분명하게 해야겠다. 나는 예배하는 교회 공동체로부터 한 발짝 떨어져서 공공 생활의 구체적인 부분을 살피는 기독교 단체의 중요성을 뚜렷하게 강조하고 싶다. 나는 제도적 교회와 유기체organism로서의 교회를 엄밀하게 구별한다는 점에서 아브라함 카이퍼Abraham Kuyper를 지지한다. 제도적 교회는 예배설교, 성찬, 교리 교육, 그리고 영적 육성을 위해 모인다. 그러나 하나님의 사람들은 다른 목적을 가지고 제도적 교회의 경계를 넘어서 모일 필요가 있다. 예를 들어, 복음주의자들의 진영은 오랫동안 특정한 모임들을 조성했는데, 가령 기독교인 법률가 모임Christian Legal Society, 순복음 사업자 모임Full Gospel Business chapters, 그리고 기독교인 운동선수 협회the Felloswhip of Christian Athletes가 그 예다. 다음과 같은 유사한 모임들이 공공 정책 문제에 대한 기독교적 관점들을 증진하기 위해서 형성되었나. 라이트 투 라이프Right to Life, 임신 중절을 반대 운동 단체—역주, 사회적 행동을 위한 복음주의자들Evangelicals for Social Action, 공적 정의 센터Center for Public Justice, 포커스 온 더 패밀리Focus on the Family. 제도적 교회는 우리를 일상적으로 우리 자신을 발견하는 더 넓은 세상에서 인간 상호작용의 다양한 영역을 기독교적으로 식별하는 논의 속으로 떠나보내는 것으로 스스로를 이해해야 한다.

어느 한 '교회'가 정치적인 주제에 대해 공개적으로 목소리를 내는 것을 당연한 일로 보거나, 또는 기독교인들이 그들의 일상에서 개인적으로 길을 만들어 갈 때 각자 알아서 하는 것이 당연하다고 볼 때는 잘못된 선택들을 하게 된다. 이것은 제도 교회와 우리 복음주의자들이 준準교회parachurch라고 부르는 것 사이를 구분함으로써 피할 수 있다. 기독교인들이 자신의 예배 공동체에서는 제자들을 부르시는 소명을 확인하고 더 넓은 문화 속에서는 공통의 관심사를 공유하는 다른 기독교인들과 함께 모여 삶의 중요한 영역에 대한 관점을 함께 공유하는 것이 대안으로서 효과적이다. 제도적 교회는 지역교회개교회나 교구교회—역주로부터는 한 발짝 물러서지만 또한 순전히 개인적인 제자도를 향해서는 한 발짝 앞서 나아감으로써 공동체의 논의들을 중개하는 일을 촉진시켜야 한다. 나는 그렇게 구분된 공동체들이 정치 생활의 자세한 부분들이 가장 잘 다루어지는 곳이라고 확신한다.

카이퍼가 제도적 교회와 유기체로서의 교회를 구분한 것을 내가 받아들이는 이유는 그것이 바른 신학이라고 생각하기 때문이다. 하지만 설령 그렇지 않다고 하더라도 그 구분은 실질적인 가치가 있다. 우리는 복잡한 사역으로 여념이 없는 목사나 여타의 교회 지도자들에게

공공 정책상의 쟁점들에 대한 전문 지식이 있을 것이라고 기대해서는
안 된다. 관심과 전문성이 있는 사람들이 정치적 삶을 위한 제자도의
의미에 대하여 숙고하기 위해서 그 사안들을 다루는 맥락에서 교회의
가르침을 정치적 세부사항에 적용하는 것이 더 바람직하다.

그러면 정치적 삶과 관련해서 제도적 교회의 역할은 무엇**일까**? 목
사와 여타의 교회 지도자들에게는 정치의 구체적인 부분들을 다룰
책임이 없다는 주장이 정치를 교회의 의제로 삼지 말라는 것은 아니
다. 중요한 신학적 주제들을 정치적 생활 및 사상과 연결하는 작업뿐
만 아니라 사회 정치 영역에서의 복음주의적 행동으로의 부르심을
강조하는 일로 수십 년을 보내면서, 나는 정치적 삶에 참여하는 데
필요한 일종의 영적 형성spiritual formation을 육성하는 일이 중요함을
알게 되었다.

마음 변화시키기[1]

1960년대 미국의 민권 운동civil rights movement, 흑인의 시민권을 보장
하기를 요구한 대중 운동—역주 당시 우리가 복음주의자들에게 자주 들었

---

1. 이 부분은 저작권자인 Religion News Service LLC의 허락을 받아 재발행된 다음 출
처에서 인용했다. Richard J. Mouw, "How to Change Hearts on Race," *Religion
News Service*, January 13, 2018, https:// religionnews.com/ 2018/ 01/ 23/ how-
to-change-hearts-on-race/. Copyright 2018 Religion News Service LLC.

던 이야기 가운데 하나는 도덕성을 법제화하려는 시도는 틀렸다는 주장이었다. 그들은 이렇게 말했다. "오직 변화된 마음만이 사회를 변화시킬 것입니다."

그 주장은 구조적 변화의 중요성을 깨닫지 못한 것이었으므로 내 맘에 들지 않았다. 나는 당시 다음과 같은 이야기를 상상해 냄으로써 내 주장을 분명하게 제시했다. 어느 날 밤, 빌리 그래함 목사가 남아프리카공화국—그 당시 인종에 대한 차별과 분리 정책을 강력하게 시행하던 나라—의 모든 사람들이 들을 수 있게 메시지를 전했다고 가정하자. 그리고 그 나라의 모든 사람들이 설교에 반응해서 그리스도께로 회심했다고 가정하자. 다음날 아침 남아프리카 공화국은 '구원받은' 개인들로 가득 찬 나라가 될 것이다, 할렐루야!

그러나 그 나라는 여전히 인종차별이라는 거대한 문제를 안고 있을 것이다. 인종적으로 불의한 압도적인 구조적 실체는 영향을 받지 않을 것이다. 법률이 바뀌어야 한다. 남아프리카 공화국의 과거사도 다시 쓰여야 한다. 풍자하는 형상과 우화들이 비판적으로 점검되어야 한다. 새로운 양식의 교육과 상업이 실행되기 시작해야 한다. 인종에 따라 구분하는 물리적 경계들은 근절되어야 할 것이다.

실제로 미국에서는 지난 수십 년 동안 필요한 구조적인 변화가 있어 왔다. 더 이상 나누어진 음수대 또는 분리된 식사 장소는 없다. 주요 선거권에 관한 법률이 시행되었고, 차별 철폐 조치 프로그램이 시작되었다. 그러나 최근에는 백인 우월주의 집회, 유권자를 탄압하려는 고도의 시도들, 우리 학교들에서 나타나는 새로운 인종 간 격리 현상 등 몇 가지 매우 눈에 띄는 좌절도 목격하고 있다.

나는 여전히 "오직 변화된 마음만이 사회를 변화시킬 것입니다"라는 주장에 반대하면서 내가 40년 전에 추구했던 주장에 동의한다. 그럼에도 불구하고 최근에 와서는 그 구호에서 기본적으로 문제가 되는 것이 '오직'이라는 표현이라는 말을 해야겠다. 변화된 마음만으로는 충분하지 않다. 그러나 그것이 필요하다.

다시 말하자면, 불의에 대항하는 투쟁은 정의를 발전시키는 법의 제정과 실천을 증진시키기를 요구한다. 10대 후반이던 시절—1950년대 후반—에 나는 아프리카계 미국인 교회 지도자가 한 교단 모임에서 연설하는 것을 들은 적이 있는데, 그 연설이 편안하게 느껴졌다. 몇 사람이 "우리는 법이 아니라 사랑이 필요합니다"라고 고함치는 것을—인종 차별 정책에 맞서는 제안을 두고 논쟁하던 가운데—듣고 나서, 그는 그 회의에 참석하기 위해 나라를 가로질러 차를 몰고 오던 상황을 이야기했다. 그곳으로 오는 길에 그와 그의 아내는 식당 출입을 거절당했다. 그는 자리를 안내해 달라는 자신들의 요구를 완전히 무시했던 한 여자 종업원을 언급하면서 다음과 같이 말했다. "만일 그 종업원이 우리를 사랑했다면 아주 좋았을 겁니다. 그러나 그 당시에 우리는 사랑을 요구하지 않았습니다. 우리는 **치즈버거가** 필요했습니다!"

나는 이제 그 부부가 식당에서 자리를 잡을 수 있고 자신들의 치즈버거를 먹을 수 있다는 것에 감사한다. 그러나 그 종업원이 그들을 외면한 이후 일어난 구조적인 변화를 감안하더라도, 그녀가 반드시 그들을 **사랑한다는** 보장은 여전히 없다. 그녀가 복음주의 교회에 속해 있더라도, 그녀가 더 사랑했을 것이라고 확신할 수 있는 근거도 없다.

흑인들을 더 사랑하는 마음을 키우기 위해 교회에 속한 종업원들에게 무슨 조치가 취해져야 할까? 우리는 인종 차별이 신학적으로 이단이라는 것과, 인종 차별이 하나님께서 그분의 형상으로 사람을 창조하시면서 모든 인간 존재 안에 투입해 놓으신 창조된 존엄성을 부인하는 것임을 교회에서 배우기를 소망할 수 있다. 비록 정확히 그런 용어로 표현하지는 못하더라도, 그러한 가르침이 그녀에게 완전히 낯선 것이라고 상상하기는 어렵다. 그녀는 어릴 때 "빨간색, 노란색, 검정색, 흰색, 그 모두가 그분의 눈에 귀한 것이에요, 예수님께서는 세상의 어린이를 사랑하세요"라고 노래하도록 배웠을 것이다. 그리고 그녀는 분명히 선한 사마리아인과 황금률에 대한 설교를 들어보았을 것이다.

그런데 만일 이런 교훈들이 그녀의 영혼 깊은 곳에서 받아들여지지 못했다 하더라도 우리가 놀랄 일은 아니다. 몇 가지 다른 것들이 함께 작용해야 한다. 진정한 기독교인의 다른 사람들을 향한 사랑은 성령님께서 개인들의 삶에 계시면서 일하시는 것을 필요로 한다.

오늘날 타인에 대한 사랑을 키우기 위해 우리 복음주의자들이 해야 할 중요한 일이 있다는 사실이 더 분명해지기를 소망한다. 인종우월주의는 궁극적으로 각각의 인간 존재가 하나님의 형상으로 창조되었다는 깊은 확신으로만 사라질 것이다. 그렇다면 우리는 어떻게 거기에 도달할 수 있을까? 우리 현실의 맥락에서, 복음주의자들은 성령님께서 그리스도 안에서 우리의 정체성을 확립하심으로써 우리를 양육하고자 하시는 일에 결부된 특별한 방식에 집중하여 우리 안에 심겨진 인간미를 가장 잘 증진시킬 수 있다.

인종 관계의 문제는 우리 안에 내재된 인간성의 양식들과 구조들 안에 단순하게 존재하는 것이 아니다. 이것이 기독교 공동체 내부의 잔혹한 현실이다. 그것은 또한 명확한 신학적 가르침으로 간단하게 답이 나오지도 않을 것이다. 나는 내가 자라난 복음주의자들의 세계에서 일찍부터 모든 인간 존재들이 하나님의 형상으로 창조되었다고 배웠다. 문제는 이런 가르침이 어떻게든 인종적 정의를 위한 투쟁에 적극적으로 참여하도록 우리를 독려하는 방식을 취하지 않았다는 것이다.

우리는 교회 생활 자체에서 출발해서 모든 인간들과 함께 친밀해지기 위한 중요한 행동을 실행할 수 있다. 우리 기독교인들 내적으로 끈끈한 관계는 우리가 그저 하나 더 길러 내면 좋은 것이 아니다. 그것은 신자로서 우리의 근본적인 정체성에 도달하는 것이다. 요한계시록 말씀은 이렇게 분명하게 밝히고 있다. 죽임을 당한 어린양이 우리를 새로운 나라로 만들기 위해서 피를 흘리며, "모든 족속과 백성과 방언과 나라"계5:9 가운데서, "아무도 능히 셀 수 없는 큰 무리가" 계7:9 어린양께 승리의 노래를 올려 드린다.

이것이 바로 우리 자신**이다**. 개인으로서 우리는 새로운 피조물로 만들어지지만, 그러나 우리는 또한 우리의 혈관에 흐르는 인종이나 민족의 피가 아니라 갈보리에서 흐른 피로부터 오는 새로운 공동체적 정체성을 부여받는다.

어떻게 하면 우리가 그 정체성을 공식적으로 인정하는 것을 넘어 실제로 다른 인종의 사람들과 친밀하게 될 수 있을까? 나는 인종적 불의로부터 삶에 깊은 영향을 받은 그리스도 안에서의 자매와 형제들의 다음과 같은 개인적인 이야기들이 하는 역할이 핵심 요소임을 목격했다. 존 퍼킨스John Perkins가 직접 겪은 지방 경찰관들에게 학대당한 이야기, 톰 스키너Tom Skinner와 빌 패널Bill Pannell이 흑인 공동체에 복음을 전하려 했던 노력, 통전적 성경의 기독교에 대한 헌신을 촉진하려는 깊은 관심에서 룻Ruth과 빌 벤틀리Bill Bentley가 창립한 흑인 복음주의자 협회National Association of Black Evangelicals, 그들의 중요한 기여가 항상 제대로 인정되지 않았음에도 수십 년 동안 다양한 파라처치 사역에서 오랫동안 우리와 함께했던 사람들의 증인인 제임스 얼 메시James Earl Massey의 힘 있는 설교 같은 것들이다.

오늘날 우리에게는 살과 피를 가진 개인들의 이야기가 절실하게 필요하다. 백인 회중들이 흑인들을 사랑하라고 자극받는 것만으로는 안 된다. 자말Jamaal이 5학년 때 경험했던 따돌림을 슬퍼하고, 가난에 포위당한 미혼모로서 아이들의 신앙을 돌보기 위해 발버둥치는 자넬Janelle이 힘을 얻도록 기도하는 기회가 그들에게 주어져야 한다.

우리는 이런 일을 현실화하는 방법에 창의적으로 접근하는 것이 필요하다. 어떤 맥락에서 그것은 가족들을 식사 자리로 모이게 하는 것을 의미할 수도 있다. 다른 면에서는 과학 기술을 창의적으로 사용하는 일이 필요할 수 있다. 네브라스카Nebraska주 교외에 있는 모든 백인 교회는 오바마Obama가 흑인 기독교인들의 기도 요청들을 담아서 만든 비디오를 매주 방영할 수 있다. 다른 제안으로는 독서 모임을 포함해서 소설과 전기를 읽고 토론하기, 콘서트 혹은 영화를 보고 토론하는 방법이 있다. 우리의 신학적 대화들은 분명하게 지속되어야 한다. 그러나 우리에게는 더 많은 일—우리가 인류 역사에서 하나님의 목적을 성취하려고 준비할 때 그리스도의 몸 안에서 실제로 성령님께서 우리 서로의 성장을 증진하고픈 갈망을 육성하시는 경험—들이 필요하다.

백인 우월주의의 이단성에 대하여 더 넓은 사회를 향하여 선지자적으로 말하는 것은 우리가 감당해야 할 중요한 일이다. 그러나 그것은 정의의 구조를 강화할 수 있는 사랑을 실제로 구현한 공동체에서 나오는 선지자적 말일 때에만 효과적일 것이다.

미덕 기르기

하버드 신학교의 고故 로널드 티만Ronald Thiemann은 지역교회들이 공적인 생활에서 반드시 필요한 종류의 특성을 만들기를 추구하는 공동체인 '공적 미덕의 학교들'의 역할을 감당해야 한다고 주장했다. 이는 이치에 맞는 주장이었다.[2] 우리는 예배 생활의 거룩한 공간에서 살

2. Ronald Thiemann, *Constructing a Public Theology: The Church in a Pluralistic*

아계신 하나님을 예배하라는 부르심에 응답해서 온 사람이 죄를 서로 고백하는 것을 통해서만 찾을 수 있는 영적 갱신의 샘물을 길어 올릴 수 있다. 그리고 우리가 "환난은 인내를, [그리고] 인내는 연단을, 연단은 소망을 이루는 줄 앎이로다. 소망이 우리를 부끄럽게 하지 아니함은 우리에게 주신 성령으로 말미암아 하나님의 사랑이 우리 마음에 부은 바 됨이니"롬5:3-5라는 약속을 들었던 것처럼, 우리의 깊은 곳에서 성품이 형성되는 것을 경험할 수 있는 공간도 그곳이다.

복음주의자들의 공적 인식에 관한 최근 여론 조사는—젊은 복음주의자들이 예전 세대들을 보는 관점에 대한 보고서들을 포함한다—복음주의가 천박함과 정죄주의judgmentalism를 조장한다는 평판을 가지고 있음을 보여 준다. 나는 이 가운데 많은 부분이 예배 공동체 생활에서 효과적으로 영적 형성을 공급하는 데 실패했음을 보여 주는 증거라고 확신한다. 우리는 기독교인들이 하나님께서 세상 가운데 행하시는 사역의 대리자라는 뚜렷해진 정체성을 가지고 예배 장소를 나서기를 바란다. 최근에 개최된 교회에 관한 가장 흥미로운 토론 가운데 하나는 선교적 교회missional church 개념이다. 우리는 살아계신 하나님을 만나기 위해서 교회로 나아온다. 그리고 하나님 그분께서는 우리를 교회로부터 그분을 섬기는 세상으로 돌아가도록 보내신다. 예배는 또한 우리가 하나님의 보내심에 대하여 교육받는 공간이어야 한다.

Culture (Louisville: Westminster John Knox, 1991), 43.

그리고 하나님께서 인내하시는 그 시간 동안 더 넓은 문화에서 우리는 누구이고 어떻게 우리의 자리를 찾을 것인지에 대한 설명을 분명히—공공 정책적 주제들에 대한 실질적 세부사항을 다루는 것은 금지한다—해야 한다. 비평가들은 복음주의자들, 특히 기독교 우파와 관련을 맺어 온 사람들에게 종종 '신정주의자들'이라는 꼬리표를 붙인다. 그 특징이 제대로 인식된다면—적어도 그것이 제대로 인식되는 동안에는—그 꼬리표를 붙이는 것은 틀린 것이 아니다. 만일 그 안에 있는 모든 것을 포함해서 지구 전체가 정말 하나님의 지배하에 있다면, 모든 현실은 정말로 신정 국가가—하나님께서 지배하시는 영역이—된다. 그러나 이렇게 말할 때 우리는 우리의 동료 시민들이 모든 것을 하나님께서 다스리는 현실을 인식하지 못한다는 것을 분명하게 알아야 한다. 우리는 우리의 세계관이 많은 관점들 가운데 하나로 받아들여지는 민주적인 다원주의 세상에 살고 있다.

물론 "하늘에 있는 자들과 땅에 있는 자들과 땅 아래에 있는 자들로 모든 무릎을 예수의 이름에 꿇게 하시고, 모든 입으로 예수 그리스도를 주라 시인하여 하나님 아버지께 영광을 돌리게"빌2:10-11 될 날이 곧 올 것이다. 그러나 그날은 아직 오지 않았다. 결국 우리는 현실적으로 '하나님께서 인내하시는 시기'를 살고 있다.

우리가 참여하는 지역 회중의 예배 공동체는 인내와 함께 더 넓은 사회에 능동적으로 참여하는 데 필요한 다른 미덕들을 개발하는 기본적인 장소다. 우리의 예배 생활—노래하고, 기도하고, 성찬에 참여하고, 말씀의 선포를 듣는 것—은 특별한 방식으로 우리 왕의 임재 가운데로 들어가는 것이다. 그리고 그 왕께서는 우리의 일상생활에서 그분의 나라를 섬기는 일에 우리를 보내신다. 분별을 위한 우리의 노력은 이런 예배의 맥락에서 시작한다. 그러나 거듭 말하지만, 우리가 단순히 함께 예배드림으로써 그분께서 다스리시는 세계로 몸을 움직이는 것으로는 부족하다. 특정한 정부의 대리인 역할을 하는 외교관들은 특정한 외교 임무들을 부여한 자기 정부의 일반적인 목표들과 가치들을 적용함으로써 정책 형성에 관여할 필요가 있다. 믿는 사람들을 위한 이런 정책은 일부는 제도적 교회의 맥락에서 교회의 교육 과정들, 소그룹 모임들, 강의들, 그리고 전문가 집단들 같은 것들로 분명하게 실행될 수 있다. 그러나 우리가 보다 구체적으로 당면한 과제들을 다루는 직업적인 모임들인 '유기체로서의 교회'—준교회 parachurch—는 예배의 장소에서 경험한 것을 확장시키는 논의의 장으로서 또한 중요하다.

그리고 우리에게는 그런 확장된 논의들이 절실하게 필요하다. 구체적인 정치적 사안에 대한 우리의 의문들의 실질적인 답변들은 일반적으로 쉽게 얻을 수가 없다. 성경에서 특정한 구절을 들여다보는 것으로 쉽게 해결책을 도출할 수 있는 것은 확실히 아니다. 예를 들어, 나는 연관된 성경 본문들을 읽으면서 엄마 뱃속에 있는 태아는 사람이라는 확신을 가졌는데, 그것은 내가 필요하다고 해서 낙태하는 것을 반대해야 한다는 의미다. 그러나 정치적 생활을 실천하는 실제 삶에서 그 확신을 어떻게 실행할 수 있을까? 우리는 현존하는 임신중절 수술 찬성 법안을 뒤집는 것을 추구하는 사람들과 같이 일할 수 있을까? 강간이나 근친상간의 경우에는 예외를 허락할 수 있을까? 그것도 아니라면, 삶의 현실이 민주적이고 다원주의적인 상황이기 때문에, 낙태하는 숫자를 감소시키는 데 집중해야 할까?

이것은 우리가 분명한 성경의 가르침으로 받아들이는 것을 특정한 관심 분야에 대한 현실적인 정치적 전략의 문제들에 적용하는 과정에서 거쳐야 할 필요한 단계들 가운데 단지 하나의 사례일 뿐이다. 기독교의 역사에 담긴 지혜를 공동으로 탐색하는 것과 많은 기도를 통해 신앙 공동체 안에서 이루어지는 품격 있는 대화를 요청하는 이러한 과정들은 반드시 예수 그리스도께서 최고의 주님이심을 우리에게 가르쳐 주는 기록된 말씀의 권위 아래에서 진행되어야 한다.

겸손

우리 복음주의자들은 정치적인 삶을 대하는 우리의 입장을 종종 오만하게 표현해 왔다. 때때로 그 오만함은 정의와 평화의 주제들을 심각하게 받아들이지 않으려는 형식을 취하기도 했었다. 또 다른 경우에 우리는 정치적으로나 법적으로 장악하려는 전략들을 무례하게 추진해 왔다. 우리는 하나님 나라를 위해 봉사하려는 우리의 노력이 빈번한 자기 성찰의 도움을 받아야 할 시기를 살고 있다.

존 칼빈John Calvin은 겸손을 기독교 영성의 기본으로 규정했는데, 그가 옳았다. "크리소스톰Chrysostom은 '우리 철학의 근본은 겸손'이라고 말했는데, 이 말은 언제나 내게 큰 기쁨이 되었다. 그러나 아우구스티누스의 다음과 같은 말은 그보다 더 큰 기쁨을 준다. '어느 수사학자는 웅변eloquence에 있어서 가장 중요한 원칙이 무엇이냐는 질문에 전달delivery이라고 대답했고, 두 번째 원칙은 무엇이냐고 묻자 전달이라 답했고, 세 번째 원칙은 무엇이냐는 질문에 대해서도 전달이라고 대답했다'고 한다. 마찬가지로 만일 내게 기독교 신앙의 원칙에 관해 묻는다면, 나는 첫째도, 둘째도, 셋째도 겸손이라고 대답할 것이다."[3]

우리의 정치적인 삶을 포함해서, 신중하게 자신을 성찰하는 지속적인 습관은 겸손한 자세를 요청한다. 겸손에 관해 중요한 책을 쓴 존 머레이 커디John murray Cuddihy는 기독교인들은 현재 우리의 불완전성과 미래의 영광 사이의 차이에 주목해 왔다고 주장한다. 그는 그렇게 행하는 것이 '중간기를 위한 윤리'를 형성하는 데 있어서 우리에게 도움이 된다고 주장하는데, 그 윤리는 인내를 우리가 불의한 자들의 세력을 제압할 하나님의 미래 승리를 기다리는 것으로 묘사한다.[4]

커디가 옳다. 우리는 분명히 정치적으로 중간기 시대를 살고 있다. 그것은 죄가 스며든 세상을 여전히 하나님께서 인내하시는 시간이다. 그러나 우리는 하나님의 인내하심은 미래의 신적 개입이 있을 때

3. John Calvin, *Institutes of the Christian Religion*, ed. John T. McNeill, trans. Ford Lewis Battles (Philadelphia: Westminster, 1960), II. 11.11, pp. 268-69.
4. John Murray Cuddihy, *No Offense: Civil Religion and Protestant Taste* (New York: Seabury Press, 1978), 202.

까지 악의 자유로운 활동을 쉽게 허락함으로써 세상을 돌보지 않는 신의 참음과는 다르다는 것을 알고 있다. 그렇기에 하나님의 인내하심에 우리 자신이 참여하는 것이 현재의 상황을 관망하는 것을 의미할 수는 없다. 우리는 그 왕국의 구체적인 전조를 성취—부분적으로 나마—하기 위해서 적극적인 노력을 통해 마침내 충만하게 도래할 하나님 나라를 기대한다.

왕국과 왕

1970년대 초반, 우리 중 많은 사람들이 복음주의자의 사회적 행동주의를 계속해서 진행할 때, 우리는 하나님 나라 신학Kingdom theology의 중요성을 강조했다. 비록 우리 모두가 다음과 같은 수많은 '왕'과 '왕국'의 형상을 보면서 성장했음에도, 그것은 우리 대부분에게 새로운 강조였다. '왕국의 도래', '영혼이 왕국에 더해지다', '왕과 함께 걷기', '견줄 수 없는 왕이신 그를 칭송하라찬송가 25장, 면류관 가지고의 1절 가사—역주'. 그럼에도 불구하고, 이것이 우리 복음주의 교회 안에 있는 정치적 현실에 적용되지는 않았다. 하나님 나라에서 인종 관계race relations의 중요성, 군사 정책들의 비평적 검토를 장려하는 것, 그리고 경제적 불공정에 관한 문제들에 대한 설교는 전혀 없었다.

나는 제임스 스미스James Smith의 저서들을 좋아한다. 그는 최근에 하나님 나라 주제를 창의적인 방식으로 다루어 왔다. 그의 가장 최근의 책인 *Awaiting the King*왕을 기다리며, 한국어판 제목도 같다—역주은 특별히 관심이 갔다.[5] 비록 내가 1970년대에는 하나님 나라의 사회적이고 정치적인 실체를 탐색하는 방식에 대하여 엄청 흥분했지만, 나는 너무 많이 부각된 하나님 나라와 충분히 관심 받지 못하는 왕 때문에 꽤나 근심하고 있었다. 때로는 나 자신도 이런 불균형을 초래했지만, 그래도 나는 그에 대한 우려를 자주 표현했다. 복음은 예수님과의 개인적 관계 이상의 것이지만, 그러나 결코 그것 이하의 것도 아니다. 나는 다음 장에서 왕과의 인격적인 관계의 중요성을 보존하는 것을 복음주의 진영에서 왜 타협할 수 없는 요소로 이해해야 하는지를 설명할 것이다.

---

5. James K. A. Smith, *Awaiting the King: Reforming Public Theology* (Grand Rapids: Baker Academic, 2017).

14장

'예수님께서 나 대신 죽으셨어요'

복음주의 세계에 속한 우리 가운데 많은 사람은 구성원들 내부에서 우리가 건강하지 못한 개인주의적 관심으로 이해하는 것을 바로잡기 위해 큰 노력을 기울여 왔다.[1] 예를 들어, 나는 크리스채너티 투데이Christianity Today와 다른 복음주의적 정기 간행물에 실린 지난 수십 년간의 많은 기사를 지적할 수 있는데, 이 기사들은 복음주의자들에게 개인들이 구원을 얻고 천국의 보상을 준비하는 것이 문제의 전부라는 생각을 버리라고 요청했다. 많은 복음주의자들의 관심사가 구조적인 불공정, 사회의 구조적인 문제들, 그리고 '바디 라이프body life'주님의 몸인 교회 안에서 우리가 다른 사람과 관계하는 방식에 관한 개념—역주의 핵심적인 중요성 등에 집중됐다.

---

1. 이 단락의 논의들은 출판사의 허락을 받아 다음의 글에서 가져온 것이다. Richard J. Mouw, "The Heresy of 'Individualism'?," *Christianity Today*, July 15, 2009, https:// www.christianitytoday.com/ ct/ 2009/ julyweb-only/ 128-31.0. html.

그러나 이 모든 것 안에 중요하면서도 미묘한 차이가 있다. 우리 복음주의자들은 예수 그리스도 안에서 구원받는 믿음에—개별적으로—이르는 데 있어서 개인들의 중요성을 결코 가볍게 생각하지 않는다. 우리는 결코 한 개인의 지극히 인격적인 하나님과의 관계가 중요하지 않다고 말하지 않는다. 우리가 강조하려는 것은 개인적인 구원은 **충분하지 않다**는 것이다. 불평등과 공적 도덕성 문제들을 다루는 교회의 중심적인 역할과 집단적인 기독교의 중요성을 많이 만들어 왔던 나 자신의 생각 속에는 개인 구원의 중요성에 대한 확신을 강화시켜 주었던 실제 이야기가 있다.

내가 어린 시절부터 기억하고 있는 한 예화를 살펴보자. 자신이 속한 지역교회의 잘 알려진 지도자인 한 남자는 기독교인이 되기 전에 방탕한 삶을 살았다고 증언했다. 정처 없이 이곳저곳을 옮겨 다니는 영업사원으로 일하던 그는 심각하게 부도덕한 활동에 가담했다. 어느 날 저녁 그의 호텔 방에서 그는 의욕을 잃고 앉아 있었다. 그는 또 다른 저녁을 호텔 바에서 보내고 싶지 않았다. 그는 호텔 방 서랍에는 보통 기드온Gideon 성경이 있다는 사실을 기억하고, 성경을 찾아서 표지 안쪽에 '의욕을 잃었을 때'라는 표제 아래 추천된 성경 본문을 읽기 시작했다. 그는 추천받은 본문을 읽으면서 자신의 죄를 깨달았기 때문에 꼼짝할 수 없었고, 마침내 그는 무릎을 꿇고 하나님께 그의 삶에 변화를 일으켜 달라고 애원했다. 그 경험은 그에게 전환점이 되었다. 그가 그의 아내에게 이 이야기를 전했을 때, 그녀 또한 그리스도와 연합하기를 원했다. 그들은 교회를 찾았고, 그리고 그들은 함께 성숙한 기독교인으로 성장했다.

이 이야기는 구원과 교회에 대한 내 견해와 잘 맞아 떨어진다. 물론, 넓은 측면에서 교회는 그 호텔 방 가운데 존재했다. 그 방 안에 기드온 성경이 존재함으로써 그에게 전해진 그 초청은 강단에서 선포되는 여느 복음 설교만큼이나 '교회다운' 하나의 현실이었다. 그러나 주님께서 그 책을 배치해 놓으심으로써 호텔 방이라는 사적인 곳에서 행하고 계셨던 것은, 개별적인 죄인을 자신이 지고 있는 죄와 악의 짐을 갈보리의 십자가로 가져오도록 초대하신 것이다. 그 남자는 주님의 초대를 받아들였고, 그는 즉시 그리스도의 몸과 자신을 동일시하는 지점까지 성장했다.

우리 복음주의자들은 이런 종류의 이야기를 수없이 제시할 수 있다. 원한다면 그것을 '개인주의'라고 불러도 된다. 그러나 우리에게 그것은 이단이 아닐 뿐만 아니라, 동시에 그것은 예수 그리스도의 복음을 확언하는 것이 의미하는 바의 핵심이기도 하다.

개인주의에 관하여

나는 '개인주의'라는 용어를 더 느슨하게 사용하는 법을 올바로 이해하기 위해 노력했는데, 그 노력은 내가 1970년대에 가졌던 두 대화 때문에 활발해졌다. 그중 하나는 남아프리카 공화국의 아파르트헤이트apartheid, 인종분리정책—역주 정부의 정치 지도자와 함께 나눴던 대화다. 나는 그 정부의 차별법들이 흑인 시민들의 기본적 인권을 부정하는 방식에 대해 그를 압박했는데, 그는 마침내 "당신 미국인들은 정말 개인주의적이군요!"라며 짜증스러운 어조로 반격했다. 또 다른 대화는 '개인 구원'이라는 생각에 대해 몇 가지 부정적인 주장을 했던 유럽 신학자와 함께한 것이다. 내가 그와 함께 이 주제에 대해 논쟁할 때, 그는 "나는 당신과 같은 복음주의자들과 논쟁하는 법을 모릅니다. 당신들은 단순하게 말해 너무 개인주의적입니다!"라고 쏘아붙였다.

두 경우 모두에서 나는 개인주의적으로 되는 것이 그렇게 나쁜 것이 아니었다고 생각했다. 미국 독립 선언문의 내용에서 개별적인 인간들은 "양도할 수 없는 특정한 권리를 그들의 창조자에게서 부여받았다." 그리고 성경에서 시편은 개인들의 선언들로 가득 차 있다. "여호와는 나의 목자시니 내가 부족함이 없으리로다"시23:1

인간 개인의 중요성을 강조하는 명백하게 나쁜 방식들이 있는 것은 틀림없다. 그들의 영향력 있는 책 *Habits of the Heart*마음의 습관들에서 로버트 벨라Robert Bellah와 그의 공저자는 자신들이 인터뷰했던 쉴라 라르슨Sheila Larson이라는 여인의 이야기를 전한다. 인터뷰에서 그녀는 '쉴라이즘Sheilaism'으로 묘사한 종교의 명령을 따랐다고 저자들에게 말했다. 쉴라이즘은 자기 자신의 필요와 욕망을 중심에 두는 하나의 종교다. 쉴라의 표현에 의하면, 이 종교의 기본적인 가르침은 "단지 너 자신을 사랑하려고 노력하시고, 당신 자신에게 친절하세요"이다. 그리고 이 기초 위에서 쉴라는 자신에게 가장 가까운 사람을 사

랑하고 친절하게 대할 필요를 또한 발견했다.[2]

'쉴라이즘'은 그 당시 미국 개인주의 가운데 최악의 표현으로 사용되기에 이르렀고, 또 그렇게 되는 것이 당연해 보였다. 그러나 쉴라의 주장을 공정하게 평가하자면, 그녀는 자기 자신을 사랑하기에 초점을 맞추는 것을 다른 사람을 사랑하는 것에 초점을 맞추는 데까지 확장하기 위한 원리로 이해했다. 나는 진짜 나쁜 종류의 개인주의에 대해 비판하면서 그 당시의 '자아실현' 운동에서 유행했던 프레드릭 펄스Frederick Perls의 '게슈탈트Gestalt 기도'를 언급했던 적이 있다.

나는 내 일을 하고, 당신은 당신의 것을 하죠.
나는 당신의 기대에 맞춰 살려고 이 세상에 있는 게 아니에요.
그리고 당신은 나의 기대에 맞춰 살려고 이 세상에 있는 게 아니죠.
당신은 당신이고, 나는 나예요.
그리고 만일 우연히 우리가 서로를 발견한다면, 그것은 아름다울 거예요.

---

2. Robert Bellah et al., *Habits of the Heart: Individualism and Commitment in American Life* (Los Angeles: University of California Press, 1985), 221. 나는 또한 이 내용을 다음의 글에서 다뤘다. "'Magnify, Come Glorify . . .': Some Thoughts about Throne Room Worship," in *The Pastor and the Kingdom: Essays Honoring Jack W. Hayford*, ed. Jon Huntzinger and S. David Moore (Southlake, TX: Gateway Academic and TKU Press, 2017), 255-67.

그렇지 않다고 해도, 어쩔 수 없죠.[3]

펄스는 개인주의의 극단적인 형태를 분명하게 표현하고 있다. 이전에 노예였던 프레드릭 더글라스Frederick Douglass가 자신이 도망쳐 나온 노예 주인에게 썼던 편지에서 가져온 다음 문장과 위에 언급한 펄스의 표현들을 비교해 보면 분명해진다. "나는 내 자신이고, 당신은 당신 자신입니다. 우리는 두 명의 구별된 사람들이고, 같은 인격입니다. 당신의 존재가 나의 존재입니다. 당신은 남자이고, 나도 그렇습니다. 하나님께서는 두 사람을 창조하셨고, 우리를 구별된 존재로 만드셨습니다. 나는 태생적으로 당신에게 묶이지 않고, 당신도 나에게 그렇습니다. 자연은 당신의 존재를 나에게 의존하게 만들지 않고, 나의 존재도 당신에게 의존하지 않게 …… 당신을 떠나면서, 나는 나에게 속한 것 외에는 아무것도 취하지 않았습니다."[4]

그 두 개의 표현들은 한 가지 중요한 예외를 제외하고는 눈에 띄게 유사하다. 더글라스는 자신의 독특한 개인 존재가—그의 이전 주인의 존재와 마찬가지의 것이—하나님의 뜻에 기초하고 있음을 분명히 했다. 각 사람은 궁극적으로 모두 홀로 하나님께 책임이 있는 하나님의 피조물이다. 지음 받은 어떤 인간도 다른 존재를 '소유'할 권

3. Frederick S. Perls, *Gestalt Therapy Verbatim*, ed. John O. Stevens (New York: Bantam Books, 1969), 4. 내가 이 장에서 개인주의에 대해 언급한 비평은 다음의 책에 담겨 있다. *The God Who Commands: A Study in Divine Command Ethics* (Notre Dame: University of Notre Dame Press, 1991).

4. Frederick Douglass, *My Bondage and My Freedom* (New York: Arno, 1968), 423.

리는 없다.

신학자 제임스 콘James Cone은 흑인 노예 영성에 관한 그의 놀라운 연구에서, 흑인 영가들에 담긴 표현인 '실존적 나'를 언급한다. "그 누가 **나의** 괴로움 알며/예수님 외에 누가 알아주랴." "**내가** 천국에 이를 때, **나는** 내 신발을 신을래요/그리고 하나님의 천국 이곳저곳을 돌아다닐 거예요." 콘이 관찰한 바에 따르면, 노예 제도가 가혹하게 시행되던 시기에 기독교인 노예는 "의미를 찾기 위해 영혼을 탐색하는 깊은 곳 어딘가에서 신적 존재를 만났기 때문에 자기 자신에게만 하나님께 설명할 책임이 있음을 알았다."[5]

콘은 우리가 이러한 '나' 중심의 노예 영성을 단지 19세기 신앙부흥운동의 표현에 하나를 더한 것으로 이해해서는 안 된다고 옳게 주장한다. 그 표현은 아프리카 출신 미국인들의 인간성을 무시하는 사악한 인종 차별에 반대하면서 격렬하게 싸운 결과로 만들어졌다. 그러나 그가 제시한 주장은 '나-됨I-ness'이라는 단순한 표현을 넘어 자기애의 광범위한 역학 관계까지 살펴볼 필요성을 보여 준다. 더글라스는 자신이 사고 팔리는 상품일 뿐이라는 인종차별적 주장을 거부하는 차원에서 '나는 나 자신이다'라고 선언했다. 기드온 성경을 읽은 그 영업사원은 전적으로 자신에게 책임이 있는 죄와 수치를 인정함으로써 그의 고유한 자아를 긍정할 수 있었다.

---

5. James H. Cone, *The Spirituals and the Blues: An Interpretation* (New York: Seabury, 1972), 67-68.

'나 대신'

실존적 '나'에 대한 올바른 복음주의적 주장의 핵심은 개별적 주체
들이 살아가는 삶인 현실을 인식하는 것이며, 기독교 전통에서 많은
사랑을 받았던 라틴어 구절인 **코람데오**Coramdeo를 사용하는 것이다.
코람데오는 거칠게 번역하면 '하나님의 면전에서'라는 의미다. 시편
139편은 코람데오의 유형에 맞는 기도다.

여호와여 주께서 나를 살펴보셨으므로

나를 아시나이다

주께서 내가 앉고 일어섬을 아시고

멀리서도 나의 생각을 밝히 아시오며

나의 모든 길과 내가 눕는 것을 살펴 보셨으므로

나의 모든 행위를 익히 아시오니

시편 139:1-3, 개역개정

깊고 은밀한 방식으로 알려지는 것—우리 자신보다 우리를 더 잘
아는 누군가에 의해 알려지는 것—은 여러 면에서 무서운 것이다. 하
나님께서는 실제로 우리의 생각과 상상, 그리고 소망과 두려움 이 모
든 것을 아신다. 실제로 그것은 소름 끼치는 일이다. 그러나 찰스 웨
슬리Charles Wesley가 사용한 "그의 고통을 일으킨 **날 위해** 그가 죽었
나요?", 또는 존 뉴턴John Newton의 "놀라운 은혜 …… **나 같은 불쌍**

한 사람을 구원하셨어요"와 같은 찬송가 가사에 나타나듯이 그것은
또한 구원의 선물에 대해 우리가 경외심을 갖도록 격려하는 역할을
한다.

복잡한 십자가

9장에서 나는 복음주의의 영성을 잘 설명하는 신비감에 대해 언급
했는데, 나는 이것이 우리가 신학적 표현에서 신비를 인정하는 것으
로 자연스럽게 이어지지가 않는다고 불평했다. 그리스도의 속죄 사
역에 대한 우리의 신학 가운데 이런 단절은 특히 전통적인 복음주의
에서 '그가 나 대신 죽으셨다'라는 요소를 언급하는 데서 분명해 보
인다. 속죄 신학의 다양한 갈래들을 범주화하는 한 가지 방법은 수직
적이거나 수평적인 두 가지 주제 아래로 모으는 것이다. 수직의 범주
는 십자가의 중요한 의미를 삼위일체 안에서의 거래, 일반적으로 성
부와 성자 사이에 일어난 거래라는 방식으로 묘사한다. 즉 예수님께
서 자신을 아버지께 바치셨고, 그분께서는 우리 인간이 스스로 지불
할 수 없는 빚을 갚으셨다. 그분께서는 우리의 자리에서 죄를 위한 희
생 제물로 자신을 드리심으로써 십자가에 달리셨다.

수평적 개념들은 십자가에서 일어난 일을 주로 예수님과 인류 사
이의 거래로 본다. 그분께서는 자신을 죽음으로 내몰고 있는 사람들
에게 앙심을 품기를 거절함으로써 진정한 용서의 본질을 보여 주셨

고, 자기희생적 사랑의 본질을 우리에게 보여 주셨으며, 그리고 그분 자신의 극한 고통 한가운데에서 다른 사람들이 잘되기를 바라는 마음을 표현하셨다.

영향력 있는 근대주의자 설교가인 해리 에머슨 포스딕Harry Emerson Fosdick은 1922년에 한 그의 설교 '근본주의자들이 승리할 것인가?Shall the Fundamentalists Win?'에서, 이런 방식으로 수직적 개념을 묘사한 철저히 수평적인 인물이었다. 그는 말하기를, 구원의 전통적인 관점의 수호자인 "우리는 속죄의 특별한 이론—우리 주님의 피가 대속적 죽음 가운데 흐르므로 멀리 계시던 하나님의 노여움을 풀어 드리고, 돌아오는 죄인들이 환영받을 수 있게 만들었습니다—을 믿어야 합니다"라고 주장한다.[6]

일부 페미니스트 신학자들이 수직적 관점을 '신적인 아동 학대'를 묘사하는 것으로 규정해 왔기 때문에, 최근 몇 년 동안 더욱 거친 어조를 띠고 그런 식으로 부정적으로 묘사되고 있다. 이런 묘사 가운데 가장 극한의 형태는 조앤 칼슨 브라운Joanne Carlson Brown에게서 왔는데, 그녀는 기독교가 '전 인류를 피로 물들인 죄는 그만큼의 피로만 씻길 수 있다'고 요구하는 '피에 목마른 하나님' 사상 자체를 청산해야 한다고 주장한다. 그녀는 이 모든 것이 퇴출되어야 한다며 다음과 같이 말한다. "우리는 일부 원죄로부터 예수님의 죽음을 통해 구원받

---

6. Harry Emerson Fosdick, "Shall the Fundamentalists Win?," *Christian Work 102* (June 10, 1922): 716-22; available online at http:// historymatters.gmu.edu/ d/ 5070.

을 필요가 없습니다. 오히려 이런 폭력적인 가부장제로부터 자유로 워져야 합니다."[7]

비록 그는 명시적으로 '아동 학대' 반대에 대해서 언급하지 않았지만, 위대한 존 스토트John Stott는 '진정시켜야 할 만큼 분노하고 있는 무자비한 오거Orger, 서구 전설에서 사람을 잡아먹는 괴물—역주'의 모습을 한 아버지와 **그 맞은편에** 희생양 아들이 서 있는 어떤 속죄의 그림을 채택하는 것에 반대함으로써 복음주의자들에게 경고하고 나서, 이런 종류의 비판에 대응하는 데 도움이 되는 방안을 제시했다. 스토트는 다음과 같이 말했다. "하나님과 그리스도, 두 분 모두는 죄인들을 구원하시기 위해 주도권을 함께 가진 주체들이지 객체가 아니었습니다. '하나님-버림받으심'이라는 용어로 설명되는 십자가 위에서 일어난 일은 무엇이든지 속죄가 필요하게 만들었던 이유와 같은 거룩한 사랑 가운데 계신 두 분 모두를 통해 자발적으로 수용되었습니다." 존 스토트는 '만족'과 '대속'이라는 단어들은 결코 "어떤 상황에서도 포기될 수" 없지만, "우리는 성경적 복음이 말하는 속죄는 하나님께서 그분 자신을 우리를 위해 내어주심으로써 스스로를 만족시키시는 사역이라는 것을 분명히 해야 합니다"라고 주장한다.[8]

대속이라는 주제는 여전히 복음주의 찬송가와 신학 가운데 제법

---

7. Joanne Carlson Brown, "Divine Child Abuse," *Daughters of Sarah 18,* no. 3 (1992): 28.
8. John R. W. Stott, *The Cross of Christ* (Downers Grove, IL: InterVarsity, 1986), 150-51, 159-60.

흔적을 남겨 두고 있다. 그런데 1970년대 복음주의자의 사회적 행동주의가 알려졌을 때, 존 하워드 요더John Howard Yoder의 영향력 있는 —복음주의 활동가들 사이에서 그렇다—책인 *The politics of Jesus*에수의 정치사상을 통해 알려진 속죄하시는 **승리자 그리스도**Christus Victor의 모습이 담긴 특별한 수평적 관점이 받아들여졌다. 요더는 갈보리의 십자가 사건을 악의 세력들과의 결정적인 대결로 매우 강조한다. 합심해서 예수님을 못박았던 그날의 정치적, 경제적, 군사적, 그리고 종교적 힘을 대변하는 인간 권력자들은 사실상 자신들 모두가 하나님의 아들을 제거할 수 있는 것처럼 영적인 '주권과 통치권'을 행사하고 있었다. 그러나 예수님께서는 "무장 해제를 받아들이셨고, 그렇게 하심으로써 그들을 무찌르셨다. 그분의 죽음과 부활은 인간적인 부분에서 우리를 괴롭히는 근본적인 문제들을 해결하기 위해서 폭력과 다른 형태의 강압적인 힘에 의존하는 것이 헛되다는 명백한 증거다."[9]

앞에서 수평적 범주를 소개했을 때, 나는 그것을 십자가를 일종의 윤리적 가르침을 주는 사건으로 이해하는 관점들을 대표하는 것으로 묘사했다. 예수님께서는 우리에게 그분의 죽음을 통해 세상을 살아가는 방법을 **소개하신다**. **승리자 그리스도** 관점은 그것보다 한 걸음 더 나간다. 말하자면, 삼위일체 안에서 일어난 몇 가지 거래를 명시적으로 언급하지 않은 채 십자가에서 일어난 일을 설명한다는 점에서, 그 안에는 수직적 관점이 없다. 그보다 그것은 그리스도의 죽음을 영적

---

9. John Howard Yoder, *The Politics of Jesus* (Grand Rapids: Eerdmans, 1972), 146.

주권과 통치에 대한 극적인 만남—그 만남에 대응해서 살아가는 우리의 삶이 취해야 할 방식을 우리에게 보여 주는 것—으로 이해한다. 우리는 또한 그들이 우리를 지배하기 위해 사용하는 다양한 '주의ism'—군사주의, 소비주의와 같은 것—에 사로잡혀 있기를 거부함으로써 악의 세력과 맞서야 한다. 비록 그들이 겉으로는 권위를 가지고 있다고 주장하는 사회 구조 안에서 살고 있음에도 불구하고, 우리는 그들이 이미 패배한 적임을 확신하면서 살아가야 한다. 결국 우리는 가시적 권력자들에게 자신을 십자가에 못박도록 허락하신 그리스도의 발자취를—'또 다른 통치가 표준이라고 알고 있는 한 사람의 자발적 복종'을—따라간다.[10] 악한 권력자들의 운명은 정해졌다. 그들을 이기기 위해 그들의 강압적인 방법을 사용하는 것은 십자가의 '무장 해제'를 받아들임으로써 성취되었던 승리를 얻는 데 실패하는 것이다.

물론 이런 관점은 '예수님처럼 되기'라는 포스딕의 보다 진보적인 접근법에 비해서 중요한 이점을 가지고 있다. 가장 분명한 차이는 **승리자 그리스도** 관점이 예수님의 구원 임무에 대해 상당히 초자연적인 설명을 고집하고 있다는 것이다. 십자가에 못박히신 그리스도께서는 우리에게 삶을 살아가는 방법을 제시해 주실 뿐만 아니라, 또한 결정적으로 악한 영적인 세력과 싸우심으로써 그러한 삶을 가능하게 하신다. 그분께서는 우리를 대신해서 우주적 중요성을 가진 일을 이루셨다. 그분께서 주권자들과 권세들을 **이기셨다.** 그분의 부활은 그

---

10. Yoder, *Politics*, 137.

승리에 대한 분명한 선언이다.

비록 나는 요더의 접근법이 가진 일부 윤리적 측면들에 대해 심각하게 동의하지 못하고 있지만, 나는 그의 관점으로부터 많은 것을 배웠다. 그리스도의 구원 사역은 소비자이면서 시민으로 살아가기 위한 우리 삶에 분명하고 실질적인 영향력을 가지고 있다. 십자가의 다면적인 역할은 실제로 보이지 않는 악의 권세와의 결정적인 부딪힘을 포함한다. 성경적 원리로서 **승리자 그리스도** 설명은 명백하게 그리고 간결하게 골로새서 2장 15절에서 설명되고 있는데, 거기서 사도 바울은 예수님께서 "통치자들과 권세들을 무력화하여 드러내어 그들을 구경거리가 되게 [만드시고] 십자가로 그들을 이기셨느니라"라고 말한다.

그런데 내가 보기에 **승리자 그리스도** 관점에서 하는 많은 설명들은 성경의 주장들이 그리스도의 사역의 속죄의 측면과 다른 성경적 주제들의 '그가 나 대신 죽으셨다'라는 측면 사이의 분명한 연관성을 뒷받침한다는 사실을 놓치고 있다. 실제로 그 연관성은 내가 골로새서 2장에서 인용했던 본문에서 분명하게 표현하고 있다. 거기 나타난 악한 권력의 '무력화'에 대한 언급은 바로 그 십자가 대속 사역의 특성에 선행한다. "또 범죄와 육체의 무할례로 죽었던 너희를 하나님이 그와 함께 살리시고 우리의 모든 죄를 사하시고 우리를 거스르고 불리하게 하는 법조문으로 쓴 증서를 지우시고 제하여 버리사 십자가에 못 박으셨느니라"골2:13-14

두 관점—'대속수직적'과 '권세를 무력화하는수평적' 관점—이 그리스도의 속죄 사역을 성경적으로 충실하게 이해하는 가운데 함께 유지되어야 한다는 점은 N. T. 라이트Wright가 잘 설명해 주었다. 그는 최근에 **승리자 그리스도** 관점의 강력한 수호자가 되었다. 그렇기 때문에 복음주의 비평가들 중 일부는 그가 속죄의 대속적 측면을 쉽게 부정하는 것이라고 엄청나게 비난했다. 하지만 그 비난들은 틀렸다. 라이트의 주장은 이런 것이다. "죄가 없으신 예수님께서는 일반적으로 인간의 죄에 대응하는 하나님의 거룩한 진노를 자기 자신에게 끌어당기고 있었습니다. 그래서 우리 같은 죄인들이 십자가를 보면서 발견할 수 있는 것은 우리가 지고 있던 죄와 악의 짐이 우리에게서 옮겨졌다는 것입니다."[11]

우리 각자의 수치와 죄와 같은 개인의 짐들은 십자가에 못박혔다.[12] 복음주의자들은 항상 복음이 선포하는 중심에서 그 메시지를 주장했다. 또한, 이런 강조점들을 담아낸 다양한 형상들이 있다. 그것들이 가지고 있는 공통점은 다음과 같다. 우리는 죄인으로서 결코 스스로 할 수 없는 일을 갈보리의 십자가에서 예수님께서 우리를 위해 하셨다는 사실을 지시한다. 그분께서는 의로우신 하나님 앞에서 우리가 서 있는 곳에 영원한 결과를 가져오는 거래에 참여하셨다.

---

11. N. T. Wright, *The Crown and the Fire: Meditations on the Cross and the Life of the Spirit* (Grand Rapids: Eerdmans, 1992), 51.
12. I first made this observation about shame and guilt being nailed to the cross in my article "Getting to the Crux of Calvary," *Christianity Today*, June 4, 2012, https:// www.christianitytoday.com/ ct/ 2012/ may/ getting-to-the-crux-of-calvary.html? ctlredirect = true.

'제2의 소박성'의 신앙고백

개인적인 신앙고백을 덧붙이지 않는다면 내가 이 주제에 관해서 그렇게 많은 이야기를 다룬 이유를 설명할 수 없을 것이다.

프린스턴 대학에서 박사 후 과정을 진행하던 1975년 9월의 어느 월요일 저녁, 나는 처음으로 익명의 알코올 중독자들 모임AA에 참석했다. 나는 그 해에 두 가지 학문적 목표를 가지고 있었다. 하나는 사회 이론에 속한 몇 가지 쟁점들을 탐구하는 것이었고, 다른 하나는 기독교와 정치를 다룬 책을 마무리하는 것이었다. 책을 마무리하는 두 번째 계획과 관련해서 나는 속죄 이론에 대한 의문들에 사로잡혀 있었다.

그러나 나는 또한 누구와도 이야기를 나누지 않았던 매우 개인적 목표를 가지고 프린스턴에 갔다. 나는 나의 음주 습관을 통제하고 싶었다. 내 음주 습관은 위험한 지점에 도달했었다. 나의 칼빈 대학 동료 부부는 내게 자신들이 걱정하고 있음을 표현하기도 했다. 나는 다른 사람들에게 나의 술 소비 방식에 대해서 거짓말을 하고 있었다. 때때로 나는 취해서 갑자기 의식을 잃기도 했다.

나는 모든 핑계를 전임 강의와 다른 학문적 책임감으로 생기는 스트레스에 돌렸다. 프린스턴에서 지낸 1년은 그것들을 통제하기 위한 시간이었다. 그렇지만 뉴저지프린스턴이 속한 주-역주에서의 처음 2주 동안은 상황이 갈수록 나빠졌다. 나는 절박해졌다. 나는 죽을 때까지 술을 마실 것이 분명해 보였다. 어느 주일 저녁 나는 마침내 주체할 수 없이 흐느끼면서 내 아내 필리스Phyllis에게 큰 소리로 한마디를 내뱉었다. "나는 알코올 중독자이고, 나는 무엇을 해야 할지 모르겠어요." 우리 부부는 내가 익명의 알코올 중독자들 모임AA의 도움을 받기로 합의했다.

월요일 저녁에 여섯 블럭을 걸어서 처음으로 익명의 알코올 중독자들 모임에 참석하면서 나는 19년 전에 빌리 그래함의 초대에 응하여 메디슨 스퀘어 가든의 복도를 걸어가면서 불렀던 그 노래를 불렀다. "단 하나의 조건도 없이, 날 위해 당신의 목숨을 바쳤어요." 그런데 이번에는 내 영혼에서 엄청나게 필사적으로 비명이 터져 나오고 있었다. 예수님께서는 나를 익명의 알코올 중독자들 모임에서 기다리고 계셨고, 내가 이 글을 쓰는 지금까지 나는 40년 넘게 술을 끊고 살아왔다.

N. T. 라이트는 통치자와 권세에 대한 그리스도의 승리만이 아니라, 예수님께서 또한 갈보리의 십자가 위에서 각자에게 주어진 우리의 '죄와 악의 짐'을 자신에게로 가져가셨다고 주장한다. 내가 죽을 힘을 다해서 처음으로 익명의 알코올 중독자들 모임에 참석했던 그날 밤, 나는 속죄의 이론들에 관한 글을 쓰고 있었다. 총체적인 삶의 자리에서 우리를 괴롭히는 체계적인 '이념들'과 맞서는 복음의 능력이 나의 지성적인 의제였다. 그러나 그날 저녁은 나에게 '제2의 소박성'(4장을 보라)을 경험하는 시간이었다. 그 순간 나에게는 예수님께서 '나 대신' 갈보리에서 그분의 피를 흘리셨다는 실존적 인식보다 더 중요한 것이 없었다.

최근에 참석한 학회의 쉬는 시간에 나는 젊은 복음주의자 목사 부부 사이의 대화를 우연히 엿들었다. 그들 가운데 한 사람이 자신의 설교에서 더 이상 그리스도의 대속 사역을 언급할 수 없다고 꽤나 힘차게 말했다. 대신에 그는 그리스도께서 '소비주의, 군사주의, 인종차별주의, 그리고 초super애국주의'에 대항하신 방법에 대해서 전하겠다고 말했다. 우연히 들었던 대화 내용 때문에 나는 고민에 빠졌다. 기독교의 교훈을 전하는 체계적인 형식들에 대한 고민은 칭찬할 만하다. 그러나 그런 고민은 자신들의 '죄와 책임의 짐'을 갈보리 십자가에서 짊어지신 구주—죄 없으신 분—께서 제자도로 부르신 것을 듣는 일이 어떤 것인지를 마음으로 깨닫지 못한다면, 교훈이 복음주의자들의 마음에 제대로 뿌리 내리지 못할 것이다.

나는 복음주의자들이 우리의 전통에 있는 이 핵심 요소를 잃어버리기를 바라지 않는다. 우리는 이 지점에서 '제2의 소박성'이 필요하다. 그리고 '이전에 알려졌던' 범주로 이동하려는 사람들이나, 만일 현재 그 꼬리표를 고수하는 우리들 가운데 일부가 언젠가는 옮겨 가게 되더라도, 우리가 '제2의 소박성'을 우리 안에서 만들어 낼 수 있는 것은—그들을 위해 십자가를 향해 나아가신 구주를 여전히 사랑하는 '전에 알려진' 친구들에게 환영받기 위해서—중요할 것이다.

그러나 남을 것인지 아니면 떠날 것인지에 대한 논의와 관련해서 나는 여전히 공유하고 싶은 몇 가지 생각들이 있다.

15장
흔들리면서도 유지하기

철학자 알리스데어 맥킨타이어Alisdair MacIntyre는 말하기를, 건강한 전통이란 그 전통에 속한 사람들이 그 전통의 생명력을 유지하는 데 필수적인 것에 관하여 계속해서 논쟁하는 것이라고 했다.[1] 우리가 고려해야 할 현실을 분명히 인식하고서 함께 노력한다면, '복음주의'라는 꼬리표의 유용성에 대한 지속적인 논쟁이 건강한 것이 될 수 있다.

실제로 미국 복음주의는 기관들과 준교회parachurch 사역의 복잡한 관계망을 포함하는 운동이다. 나는 복음주의자인 자선 기부 전문가와 대화를 나눈 적이 있는데, 그는 내가 풀러 신학교의 총장으로서 연결되어야 했던 기부자들의 프로필을 제공해 주었다. 그런 부류의 부부들은 자신들이 속한 지역교회를 후원하는 일을 가장 중요한 우

---

1. Alasdair MacIntyre, *After Virtue: A Study in Moral Theory*, 2nd ed. (Notre Dame, IN: University of Notre Dame Press, 1984), 221.

선순위로 삼는다. 그들은 또한 기독교 대학이나 캠퍼스 선교를 위해 기부한다. 그들은 '영 라이프Young Life'초교파적 청소년 교육단체—역주나 '월드 비전World vision'초교파적 구호단체—역주 사역에 열정적으로 참여한다. 게다가 그들은 '크리스채너티 투데이'를 구독하고 존 오트버그 John Ortberg나 앤 라모트Anne Lamott와 같이 몇몇 좋아하는 작가들이 따로 있다. 이런 프로필이 그들에게는 일관성 없는 것이 아니다. 그들의 마음에는 그들이 정확하게 설명할 수 없을지도 모르는 하나의 유형이—그러나 일반적으로 그들에게 '복음주의'로 포착된다—있다.

그가 묘사하는 관계망의 종류는 여전히 그리고 분명하게 현재 복음주의자들의 세계에 영향을 미친다. 앞서 언급되었던 기관들이나 개인들 가운데 어느 누구도 오늘날 많은 관심을 받고 있는 고도로 정치화된 복음주의와 한 묶음으로 이해되지 않는다. 그래서 내가 생각하기에 의미 있는 질문이 하나 있다. 우리가 복음주의를 떠나려 할 때, 우리 자신이 '크리스채너티 투데이', '영 라이프', 그리고 '월드 비전'과 관련이 없다고 말할 수 있을까? 그럴 수 없다면, 왜 그럴까? 우리가 적어도 그들이 복음주의자로서 구체화한 것을 찾을 수는 없을까? 우리는 최소한 이 관계망에 포함된 대상들에게 우리 스스로를 설명해야 한다고 생각한다. 자신이 쓴 여러 권의 책이 '뉴욕 타임즈' 베스트셀러 목록에도 올랐던, 복음주의자 작가인 앤 보스캠프Ann Voskamp에게는 그녀를 좋아하는 많은 독자들이 있다. 우리가 더 이상 복음주의자로 알려지고 싶지 않다고 결정했을 때, 우리는 그 독자들에게 뭐라고 말해야 할까?

또 다른 현실은 전 지구적 맥락이다. 이 요소는 내게 큰 의미가 있다. 세계 복음주의자 연맹World Evangelical Alliance은 6억 명의 복음주의자들을 대표해서 전 세계 교회들과 단체들을 돕고 있다고 보고한다. 최근 한 통계는 스스로 복음주의자라는 정체성을 가진 사람이 미국 전체 인구 가운데 대략 24퍼센트—거의 7,800만 명—에 이른다고 제안한다.[2] 아마도 숫자가 조금 부풀려졌을 수 있지만, 주어진 결과를 받아들여 보자. 이것은 5억 명의 복음주의자들이 미국 국경 너머에 있고, 그들 가운데 대다수는 남반부에 있다는 의미다.

우리가 그들에게 지고 있는 빚은 무엇일까? '복음주의자'라는 꼬리표를 포기하기 위해서 우리 자신을 그들로부터 분리해야 할까? 특히 우리들의 학교에서 공부하고 복음에 깊이 헌신해서 자신들의 나라로 돌아간 아프리카, 아시아, 남아메리카의 지도자들에게 우리는 이제 무엇이라 말할까?

*Freedom of Will*의지의 자유, 한국어판의 제목도 동일하다—역주에서 조나단 에드워즈Jonathan Edwards는 자신이 스스로를 계속해서 칼빈주의자라고 지칭한 이유를 이렇게 설명한다. "그러나 '칼빈주의자'라는 용어가 오늘날 대부분의 사람들에게 '아르미니우스주의자'라는 용어보다 훨씬 비난받는 용어입니다만, 나는 단지 구별하기 위해서 칼빈주

---

2. Bob Smietana, "Many Who Call Themselves Evangelical Don't Actually Hold Evangelical Beliefs," *LifeWay Research*, Dec. 6, 2017, https:// lifewayresearch. com/ 2017/ 12/ 06/ many-evangelicals-dont-hold-evangelical-beliefs/.

15장. 흔들리면서도 유지하기　235

의자로 불리는 잘못을 절대 수용할 수 없습니다."[3]

이 '구별하기 위해서'라는 시험은 나에게 있어서 중요한 것이다. 나는 오랫동안 복음주의자로 자처해 왔다. 왜냐하면 나는 신학적 진보주의자로 간주되는 것을 원하지 않았기 때문이다. 그러나 우리는 분명히 이 꼬리표가 더 이상 '구별을 위해서' 도움이 안 되는 지점에 도착할 수 있다. 오늘날 내 친구들 가운데 많은 사람들처럼 내가 만일 천박한 정치적 우파 지지자라는 인상을 풍기게 된다면, 나는 복음주의자로 불리기를 원하지 않을 것이다. 만일 그 꼬리표가 그것을 의미하게 되었다면, 나는 그것을 포기할 것이다. 복음의 명분은 너무 중요해서 그리움이나 완고함에 방해받아서는 안 된다.

그러나 나는 냉정하게 다음과 같이 분명히 말할 수 있다. 내가—실존적 '나'가—더 이상 복음주의자로 알려지기를 원하지 않는다고 쉽게 밝히는 것이 내게는 건강하지 못한 개인주의적 표현으로 여겨진다. 한 가지 이유는, 그것이 세계 다른 지역의 5억 명의 사람들이 복음주의자가 되는 경험 방식을 무시하면서 복음주의의 현실을 매우 미국적인 방식으로 정의할 수 있기 때문이다.

우리의 복음주의 교육기관에서 최근에 훈련받았던 아프리카 복음주의자 지도자가 미국을 방문하기 위해 돌아왔다. 그는 나에게 묻기를, "미국 복음주의에 무슨 일이 있습니까?"라고 했다. "우리는 정말

---

3. Jonathan Edwards, *The Freedom of the Will, Works of Jonathan Edwards*, ed. Paul Ramsey (New Haven: Yale University Press, 1957), 131.

이상한 이야기를 듣습니다. 여러분은 우리들에게 믿음 안에서 견고해지라고 가르친 사람들인데, 지금은 당신들이 이상한 방향으로 표류하고 있는 것처럼 보입니다. 우리는 당신들이 우리에게 고향으로 가지고 돌아가도록 가르쳤던 내용이 이곳에서도 회복되도록 당신들을 위해서 기도하겠습니다!" 오늘날 복음주의자의 정체성이 의미하는 것에 관해서 그와 같은 사람들은 중요한 대화 상대가 될 필요가 있다. 우리는 그렇게 참여하는 그들에게 신세를 질 뿐만 아니라, 또한 이제는 우리의 선생님으로—전에 우리의 학생이었던—그들을 맞이할 필요가 있다.

내게 제대로 역할을 하는 복음주의자가 되는 유일한 길은 복음주의자가 **되는** 것의 의미에 대하여 계속해서 토론하는 것이다. 그 꼬리표를 불평하면서 흔들리는 것이 내가 따라왔던 그 길을 따라 계속해서 움직이는 것이다. 나는 우리 가운데 많은 사람들에게 소망한다. 과연 그 유산에 신실하게 남아 있는 최상의 방법이 그 꼬리표를 떼는 것인지 함께 탐구하면서도, 우리가 지키고 있듯이 흔들림 가운데 머물 수 있기를 말이다.

과거의 복음주의자들이 특정 운동이나 연합에 환멸을 느낄 때, 그들은 일반적으로 두 가지 전략 가운데 하나를 채택했다. 하나는 그 유산을 실제로 상속받는 새로운 통합적 실체를 형성하기 위해 움직이는 '분리'된 집단이고, 다른 하나는 다시 태어나기 위해 기도하고 일하면서 머물러 있는 것이다.

먼저 제시된 선택지는 종종 복음주의적 분리주의라는 최악의 상황을 명백하게 보여 준다. 그러나 그것은 최소한 **공동의** 전략이라는 가치를 분명히 갖고 있다. 다른 선택지는 그 단점이 분명하지만 이전의 갱신 운동으로부터 영감을 얻는 것이다.

나는 스스로 그러한 각각의 전략들이 그저 다양한 방향으로 한결같이 표류하는 것보다는 더 바람직하다고 평가한다. 현재까지 나는 그 운동의 유산의 정점에서 떠나 버린 지도자들에 의해서 꼬리표가 떼이는 것을 그저 허용하기보다는 두 번째 선택지로—복음주의의 갱신을 위해서 일하는 것으로—향하고 싶다. 그리고 '갱신'을 위해 노력하는 것의 이점 가운데 하나는 우리에게는 아프리카에서 그리고 다양한 곳에서 우리가 성공하기를 기도하는 동료들이 있다는 것이다.